Topos plus **Taschenbücher**
Band 417

Albert Höfer

Erlösung will erfahrbar sein

Erlösungsvorstellungen und
ihre heilende Wirkung

Topos^{plus} Taschenbücher

Topos plus Verlagsgemeinschaft

Butzon & Bercker, Kevelaer | Don Bosco, München
Echter, Würzburg | Verlag Katholisches Bibelwerk, Stuttgart
Lahn-Verlag, Limburg Kevelaer | Matthias-Grünewald-Verlag, Mainz
Paulusverlag, Freiburg Schweiz | Friedrich Pustet, Regensburg
Styria, Graz Wien Köln | Tyrolia, Innsbruck Wien

Die Deutsche Bibliothek – CIP-Einheitsaufnahme
Ein Titeldatensatz für diese Publikation
ist bei Der Deutschen Bibliothek erhältlich.

Einband- und Reihengestaltung:
Akut Werbung GmbH, Dortmund
Umschlagmotiv: Anne Seifert
Satz: Don Bosco Grafischer Betrieb, Ensdorf
Herstellung: Pustet, Regensburg
Printed in Germany

Topos plus – Bestellnummer: 3-7867-8417-5

Inhalt

Einleitung

Wer möchte nicht erlöst werden?

Aus vielem wollen wir erlöst werden: aus Krankheit und Todesnot, aus Familienstrukturen und zerbrochenen Beziehungen, aus Orientierungslosigkeit und Schuldverfallenheit, aus menschlicher Lieblosigkeit und Gottlosigkeit … Diese Liste der Unerlöstheiten könnten wir beliebig fortsetzen. So vielgestaltig wie diese Nöte sind, so vielgestaltig wird wohl auch die Erlösung und Befreiung sein, die wir uns daraus erwarten.

Ein Blick in die Geschichte der Völker – in ihre Religionen, Psalmen und Gebete – zeigt, wie Menschen aus all diesen Nöten zu Gott und den Göttern um Befreiung geschrieen haben. Wir Christen glauben, dass Gott alle Menschen immer und überall schon geliebt hat. So dürfen wir auch erwarten, aus allen Zeiten Zeugnisse und Spuren von Gottes erlösendem Wirken zu finden. Auf solche Zeugnisse aus alten Zeiten greife ich am Anfang zurück und nenne sie „Gleichnisse der Erlösung".

Mit dieser Spurensuche nach Erlösung können wir auch unseren Blick schärfen: Wir lernen nämlich zu unterscheiden zwischen der geschehenen Erlösung und der konkreten Vorstellung, die sich die Menschen darüber gemacht haben. Die Unterscheidung zwischen Erlösungs*vorstellungen* einerseits und Erlösungs*wirklichkeit* andererseits dürfen wir auch auf die Bibel und die kirchliche Lehre von Erlösung anwenden. Dieser unterscheidende Blick führt zu höchst spannenden Ergebnissen.

Diese befreien uns ihrerseits von zeitbedingten und überholten Vorstellungen von Erlösung (auch in der christlich-biblischen Tradition).

Ich versuche in diesem Buch, selbst erlösend über die Erlösung zu denken und zu sprechen. Das wird nicht nur den Leserinnen und Lesern helfen, sondern sie auch befähigen, die Erlösung neu und erfrischend zur Sprache zu bringen – beispielsweise vor Schülern im Unterricht, im privaten Gespräch oder innerhalb von Predigt und Gottesdienst.

Wir werden dabei befreiende Erlösungserfahrungen machen, da Gottes Huld und Treue immer frisch und neu sind:

> *Die Huld des Herrn ist nicht erschöpft,*
> *sein Erbarmen ist nicht zu Ende.*
> *Neu ist es an jedem Morgen;*
> *groß ist deine Treue.*   *(Klgl 3,22–23)*

Anne Seifert danke ich für die Zeichnungen zu ihren Jesusbildern, die schon als Folien erschienen und bekannt sind. Marcus Hufnagl danke ich für die Mitarbeit an den Arbeitsanregungen.

Dieses Buch ist nämlich nicht nur ein Lesebuch. Es ist mit seinen Liedern und Bildern ein Meditations- oder Gebetsbuch und mit seinen Arbeitsanregungen am Ende eine Bereicherung für Unterricht, Bibelarbeit und persönliche Reflexion.

Graz, am Fest der Darstellung des Herrn, 2. Februar 2002

Albert Höfer

3. Die Liebe und Treue einer Frau	4. Und die Treue eines Mannes?	5. Väter und Söhne
2. Die Auseinander- setzung mit der Zauberin	9. Die Versöhnung	6. Als Bettler im eigenen Hause
1. Die Begegnung mit dem Schatten	8. Die Begegnung der Gatten	7. Recht und Gericht

Odysseus und der lange Weg vom Krieg zum Frieden

Ein alteuropäisches Erlösungsgleichnis

Die Spiritualität Homers

Man spricht manches Mal davon, dass der Mensch eine „Odyssee" durchgemacht habe. Man sagt dies bewundernd oder aufatmend – so als hätte jener ein gewaltiges Schicksal zu ertragen und auch zu meistern gehabt. So nennt Heinrich Böll die russische Dichterin Eugenia Ginsburg – die in ihrem autobiografischen Roman „Gratwanderungen" von ihrer über zehnjährigen Gefangenschaft in den Schreckenslagern Stalins berichtet – einen weiblichen Hiob, einen weiblichen Lazarus und einen weiblichen Odysseus.

Und in der Tat: Wir rühmen solche Menschen wie Odysseus als Dulder, die unendlich weinen und seufzen können. Wir rühmen sie auch als solche, die einen leidbeladenen Weg zu einem Ende gegangen sind, das sie verwandelt hat und das darum eine gewisse innere Weisheit – ja, eine religiöse Qualität – verrät. So kann Heinrich Böll Odysseus neben den in Gott ankernden Hiob und den zum Leben aus dem Tod erweckten Lazarus stellen. Eugenia Ginsburgs Lebenserzählung ist nicht „religiös", doch spricht sie manchmal von Gott – besonders wenn es zu danken gilt. Sie spricht vom „Glück", das unverhofft wie eine „Gnade" gegeben war. Manch andere reden von einer „Fügung", „Vorsehung", die trotz allen Schreckens ihre Lebensfahrt durchwaltet hat.

Der viel duldende Odysseus, der unentwegt seufzen und weinen könnte, hatte die gleichen Gründe dafür wie Lagerhäftlinge in Stalins oder Hitlers Zeiten. Werden aber nur jene von „Glück" oder „Gnade" sprechen, die dem Unheil entkommen sind? Geschieht nur an jenen eine „Vorsehung", die sich als geläutert und verwandelt erfahren?

Schon in den ersten Zeilen des homerischen Epos, das von Odysseus berichtet, sprechen die Götter davon, dass die Menschen nicht alles Unheil ihnen, sondern ihren eigenen Torheiten und Verbrechen anlasten sollten. Sie müssten einen Gutteil der Verantwortung für ihr Leben selbst übernehmen. Daneben ist aber unüberhörbar von der Führung und Vorsehung der Götter, von einer stets hilfsbereiten und verwandelnden Gegenwart des Göttlichen die Rede.

Dies wird dem durch seine Boten – d.h. sein Wort – wirkenden Göttervater Zeus und vor allem der Göttin der Weisheit, Athene – mit den strahlenden, eulengleichen Augen – zugeschrieben. Sie ist die personifizierte göttliche Weisheit. Glaubte Homer daran, dass in dem Schicksalsweg eines Odysseus eine göttliche Weisheit waltet? Nicht eine anonyme, sondern eine persönliche und personale? Eine weiblich-geschwisterliche? Eine, die wie die Tochter des großen, allwaltenden göttlichen Grundes selbst zu sehen ist? Was kann man vom Glauben Homers an die Götter halten, wenn er Athene wie einen Schutzgeist oder Schutzengel immer zur Stelle sieht, wenn es Odysseus zu retten, zu erleuchten und zu helfen gilt?

Es kann kein Zweifel bestehen, dass Homer an eine göttliche Führung des Odysseus – und damit an die Gnade und weise Hilfe der Götter – wirklich glaubt. Die Götter der Ilias, des Kriegsepos' mit dem Kampf um Troja, sind noch ungezügelte Wesen, ausgeliefert ihren triebhaften Lastern und auch der Moira, dem allgemeinen Schicksal. Das Götterbild der Odyssee ist geistiger und gereinigter.

Athene ist zu lieben wie ein Schutzengel und zu verehren wie eine schwesterliche Nähe des Göttlichen. Ist sie nicht wie ein Bild jener Frau Weisheit zu sehen, von der die Spätschriften Israels sprechen? Wir dürfen dem Dichter Homer den starken Glauben an Weisheit, Vorsehung und Führung durch die Götter nicht absprechen. Wenn wir auch nicht an Götter glauben, so müssen wir anerkennen, dass diese Griechen etwas erfahren haben, das sie mit Recht „göttlich" nennen. Wir müssen eingestehen, dass gerade ihre Sänger dazu berufen waren, das göttliche Eingreifen in das Dasein als eine helfende Gegenwart hervorzuheben und zu rühmen. Sie sollten es vor dem Vergessen bewahren.

Friedrich Hölderlin, der große deutsche Dichter, der mit Georg Wilhelm Friedrich Hegel und Friedrich Wilhelm Schelling befreundet war und Theologie studiert hatte, glaubte in der Tat an die Götter Griechenlands. Er sah in ihnen nicht nur waltende Weltmächte, sondern die Nähe und Erfahrbarkeit eines „Gottes". Das bedeutet, dass Hölderlin die Weisheit in den Dingen und die Vorsehung in den Lebensläufen als jemand, als ein „Personales" erlebte. Auch Christus rückte er – allerdings spät erst – in diese Reihe erfahrener und erfahrbarer göttlicher Gegenwart auf Erden. Er rückte die Helfergestalten wie Dionysos oder Herakles in die Nähe Christi.

Die Religion Griechenlands war nicht so sehr eine Religion der Innerlichkeit oder der Seelentiefe. Ganz im Gegenteil drängte sie nach außen in die Gestaltung. Die Griechen „sahen" ihre Götter gleichsam in und hinter den Dingen der Welt: in und hinter der Sonne, dem Meer, den Bäumen und Quellen. Für sie war die Welt durchsichtig auf die Gottheit. Sie trafen sie überall im Raume. Und sie gestalteten jene Macht auch „räumlich", indem sie die wunderbarsten Gestalten der bildlichen Kunst schufen. Waren es Götter oder Menschen, die sie abbildeten? Erschien für sie das Göttliche in Menschengestalt? Oder erhöhte und offenbarte sich ihnen die Menschengestalt als eine göttliche? Kann man Menschliches und Göttliches in diesen unübertreffbaren Gestalten voneinander trennen?

Wenn die Philosophen der deutschen Romantik in den Götterbildern Griechenlands eine Vorahnung von der Menschwerdung Gottes sahen – darf man ihnen diese Sichtweise als religiös falsch vorwerfen? „Die Gestalt und das Sein" nennt Walter F. Otto die Aufsatzsammlung über die Frömmigkeit der Griechen (Darmstadt 1959). Das göttliche Sein drängt in menschliche Gestalt und Gestaltung. Man wird aus der Sicht christlicher Theologie an der (dichterisch wunderbaren) Darstellung der Athene viel kritisieren können. An der Spiritualität Homers, die eine göttlich weise und persönlich hilfreich nahe Gotteserfahrung thematisiert, sollte man nie zweifeln.

Wer sich mit dem Epos des Homer beschäftigt, wird nicht nur Teile, sondern das Ganze lesen und hören wollen und sich dafür viel Zeit geben. Wird sich dadurch auch sein Leben im göttlichen Licht der Weisheit verändern?

Erhoffen dürfen wir diese Verwandlung, denn auch die Dichtung Homers ist ein „Spiegel und Gleichnis". In ihr erfahren und „sehen" wir die göttliche Weisheit und die göttliche Liebe, die jenen verheißen sind, die ein gerades Herz haben.

Ja, diese Verwandlung des Menschen geschieht in den homerischen Erzählungen gerade durch das Auftreten der Gottheit. Ihre Gegenwart verändert nicht nur die Situation und den Charakter der Menschen, sondern sie *ist* schon eine Veränderung der Welt. Göttliche Gegenwart wahrnehmen zu können, sie zu sehen, zu hören und zu schmecken, überwindet die schrecklichen stalinistischen Lager. Der Mensch schreit nicht nur aus seiner Tiefe zu Gott. Vielmehr ist Gott gerade ein Gott, der in die Tiefen der Menschen hinabsteigt, um eben dort gegenwärtig zu sein. Wer es nicht erfahren hat, wird es kaum für möglich halten, dass die göttliche Gegenwart – die „Schekina" – die Verwandlung, die Transformierung alles Irdischen schon *ist*.

Odysseus: Der lange Weg vom Krieg zum Frieden

Am Anfang der abendländischen Dichtung und Kultur stehen die beiden großen Epen Homers, die „Ilias" und die „Odyssee". Wenn ich beide auf mich wirken lasse und auch die Homerforschung berücksichtige, komme ich immer mehr zu dem Eindruck, dass die „Odyssee" ein „Anti-Epos" zur „Ilias" ist und deswegen nicht den gleichen Autor haben kann. Oder sie hat zumindest einen Autor, der sich gründlich geändert hat.

In der „Odyssee" muss der griechische Held das Geschehen der Zerstörung Trojas sozusagen rückgängig machen, indem er es rückläufig erlebt. Ich gliedere die vielen Gesänge dieser „Wiedergutmachung" in neun Schritte.

1. Die Begegnung mit dem Schatten

Die Reise des Odysseus ist die Rückkehr eines Kriegers von einem grauenhaften Aggressionskrieg. Die zehnjährige Belagerung Trojas, die totale Zerstörung der Stadt, das Hinschlachten der Männer, die Entführung der Frauen als Leibeigene in die Gefangenschaft: Die erste große Dichtung des Abendlands – die „Ilias" des Homer – ist das Zeugnis größter Unmenschlichkeit, die durch nichts zu rechtfertigen ist.

Wir können nur erschrecken, wenn wir an die Aggressionskriege des letzten Jahrhunderts denken und dabei die „gleichen" Europäer wiederfinden. Muss es immer so sein? Wie kann es anders werden? Genau auf diese brennenden Fragen gibt das zweite große Epos – die „Odyssee" – auf ihre Weise eine Antwort.

Odysseus ist zwar wegen seines Listenreichtums sowie seines Duldens und Leidens bekannt, doch er selbst rühmt sich ungeniert der gleichen Grausamkeit, wie sie

14

von den Zerstörern Trojas geschildert wird: *„Fort von Ilion (Troja) trug mich der Wind zum Land der Kikonen. … Ich zerstörte die Stadt, die Männer ließ ich erschlagen. Doch nahmen wir Weiber und Mengen von Gütern mit aus der Stadt zum Verteilen; zu kurz sollte keiner mir kommen"* (9,39ff).

Nicht ein Gesinnungswandel ändert bei Odysseus den ehernen Lauf der Grausamkeiten, sondern die Übermacht seiner Feinde, die viele seiner Gefährten erschlugen. *„Jetzt überkam uns wirklich von Zeus das Verhängnis: Leiden in Fülle sollten wir ernten in grausigem Schicksal"* (9,52–53). Muss ein Aggressor selbst zum Besiegten werden, damit er überhaupt auf die Grausamkeit seiner Aggression aufmerksam wird? Erzwingt der Schicksalswandel auch schon einen Gesinnungswandel?

Mit einem großartigen Kunstgriff geht Homer dieser Frage nach und verlagert sie in das „Innere" des Menschen: In einer Höhle oder Grotte begegnet Odysseus einem grausamen gesetzlosen Menschen. Tiefenpsychologisch gedeutet, begegnet er in seinem Unbewussten – wie in einem Traum – seinem eigenen Spiegelbild. Die Auseinandersetzung mit dem Riesen Polyphem ist die Auseinandersetzung des Odysseus mit seinem eigenen Schatten.

Diese Szene wird so beschrieben: Die Kyklopen haben keine rechtliche Ordnung, keiner sorgt für den anderen. Odysseus will prüfen, ob sie wilde Verbrecher – Leute, die nicht wissen, was recht ist – oder ob sie gastliche Leute mit gottesfürchtigem Denken sind. Doch in der Höhle – d.h. im Unbewussten – schläft ein Mann, der eigentlich ein Ungeheuer ist: Er pflegt keine Gemeinschaft mit anderen Menschen. Er setzt gesetzlose Taten und gleicht mehr einem Waldungeheuer als einem Menschen. Ja, er entpuppt sich als bedrohlicher Menschenfresser.

Mit verrohtem Gemüt packt er *„zwei der Gefährten (des Odysseus) zusammen, als wären es Hunde, und erschlug sie am Estrich. Die Hirne rannen am Boden, tränkten die Erde. Dann schnitt er die Leiber in Stücke und machte Nachtmahl. Nichts blieb übrig von ihnen"* (9,289–293). Nun packt den Krieger Odysseus Entsetzen und Grauen vor seinen bisherigen skrupellosen Taten.

Die Gesinnungsänderung wird als Bewusstseinswandel in der Blendung des einzigen Auges des Riesen ausführlich geschildert: „Keiner" – also niemand anderer als Odysseus (der hier diesen Namen trägt), der Mensch selbst – kann seiner bisherigen „Weltanschauung" – d.h. seinem Auge – eine andere Wendung geben. Doch noch gilt es, den riesengroßen Stein vor der Höhle des Unbewussten wegzuwälzen und wie aus dem Grab aufzustehen. Odysseus ist dabei, zu beraten, *„wie denn die Sache bestens verliefe; Erlösung vom Tode für mich und die Freunde wollte ich finden. ... Ging es ja doch um die Seele!"* (9,420–423)

Was hier als Geschehen einer einzigen Nacht geschildert wird, mag sich in jahrelangen Prozessen der Verwandlung hinziehen. Bemerkenswert ist, dass Odysseus den Mut der Veränderung einem Gott und das erlösende Ende der Göttin Athene zuschreibt.

2. Die Auseinandersetzung mit der Zauberin

Die Begegnung mit dem Schatten Polyphem bringt nicht nur das Unbewusste eines bestimmten Mannes an den Tag, sondern das Männerbild einer ganzen Epoche – und damit das damals verinnerlichte Vaterbild. Die Begegnung mit der Zauberin Kirke führt zur Auseinandersetzung mit dem Frauen- und Mutterbild dieser frühgriechischen Kultur.

Odysseus wird mit seinen Männern auf eine Insel verschlagen und findet dort *„Kirkes Palast, der aus glänzend geglätteten Steinen erbaut war. Löwen und Wölfe, wie aus dem Bergland, lagerten ringsum, Zauber hatte die Herrin an ihnen geübt und mit bösen Giften ihnen vergeben"* (10,211–214).

Welche Frau hat daran Interesse, Männer wie Tiere zu halten – sie also zu entmündigen und zu missbrauchen? Ist es einfach die Herrschsucht der Frau? Die Männer fragen sich selbst: *„Fremde, da drinnen geht eine hin und her an dem großen Webstuhl, herrlich singt sie, es schallt und hallt durch den Hausflur. Ist's eine Göttin? Ein Weib?"* (10,226–228)

Doch wie die Frau ruft, so folgen die Männer – *„sie wussten ja nicht, was töricht sie taten"* (10,231). Jene, die ihren Trank genießen, trinken das Gift und werden vom Stab der Zauberin verwandelt: *„Sie wurden Schweine an Kopf, an Stimme und Haaren, der ganzen Gestalt nach. Freilich blieb der Verstand so klar, wie er früher gewesen. Weinend lagen sie so im Pferch und verschiedene Eicheln, Früchte des wilden Kirschbaums gab ihnen Kirke zu fressen* *tägliches Futter für Schweine, die gern auf der Erde sich lagern"* (10,238–243).

Die Schweinegestalt der Männer wird einerseits auf das ungezügelte Triebleben deuten, andererseits aber auch auf die Herrschaft, welche die Frau über sie ausübt. Jedenfalls treten diese Männer der Zauberin nicht als ebenbürtige Partner entgegen, sondern als von ihr abhängige Untermenschen.

Es ist sehr aufschlussreich, dass Kirke die Lösung dieser verhängnisvollen Beziehung nur dadurch für möglich hält, dass Odysseus in das Schattenreich der Toten hinabsteigt und dort dem Schattenbild seiner Mutter begegnet. Hinter dem Herrschaftsgefüge einer Beziehung, die die Frau als Zauberin, den Mann aber als Schwein darstellt, dürfte eine nicht gelöste Mutterbindung liegen. Und in der Tat steigt Odysseus in das Totenreich: *„Nun aber kam die Seele heran der verstorbenen Mutter. … Damals lebte sie noch, als zum heiligen Troja ich fortzog. Tränen erregte ihr Anblick, Mitleid tief im Gemüte"* (11,84–87). *„Sofort dann kannte sie mich und sagte mir jammernd geflügelte Worte: ,Kind, wie kamst du lebendig heran in das dunstige Düster? Was du hier siehst, kann schwerlich ein andrer Lebendiger sehen'"* (11,153–156).

Mehrmals will Odysseus mit brennender Sehnsucht nach der Mutter greifen. Sie aber nimmt Abschied von ihm und sagt: *„Wehe, mein Kind! Du allerunglückseligster Mann du!"*

In der homerischen Erzählung wird die Befreiung aus dem Zauberbann der Kirke dem Eingreifen des Götterboten Hermes zugeschrieben – wir würden vielleicht sagen: einem Engel. Er erscheint in Gestalt eines Jünglings, der Odysseus das erlösende Lebenskraut gibt: *„Aber komm! Ich will dich erlösen und helfen im Unheil. Hier dieses Gift, das hilft!" (10,286–287)*

Verblüffend ist, wie die vorher feindliche Kirke zur Helferin und Mahnerin wird – wie sich also ein negatives Introjekt zum Positiven wendet. Aus dem Munde der Kirke hört es sich so an: *„Zunächst wirst du Sirenen begegnen. Diese bezaubern sämtliche Menschen, wer immer sie träfe. Wer diesen Sirenen unberaten sich nähert und anhört, was sie ihm singen, der kehrt nimmer nach Hause. Sein Weib, seine lallenden Kinder treten ihm nicht mehr zur Seite in herzlicher Lust. Die Sirenen sitzen auf grasigen Auen und wollen mit tröstenden Liedern Zauber verbreiten, – doch liegen daneben in Menge auf Haufen faulende Menschen, Knochen und schrumpfende Häute an ihnen. Treibe da eilig vorbei! Nimm Wachs und Honig und knet es, stopfe damit den Gefährten die Ohren! Es darf von den andern auch nicht ein einziger etwas vernehmen. Doch du, wenn du wolltest, höre sie! Stelle dich aufrecht, grad an den Halter des Mastbaums, lasse dich binden an Händen und Füßen im hurtigen Fahrzeug lass dann die Enden am Mast noch einmal verknoten: dann hörst du schweigend das Lied der Sirenen. Doch bittest du oder befiehlst du, dass die Gefährten dich lösen, dann sollen sie stärker noch fesseln" (12,39–54).*

Wie berechtigt diese Mahnung der Zauberin ist, wird der Aufenthalt des Odysseus bei der Nymphe Kalypso erweisen.

3. Die Liebe und Treue einer Frau

Wir Menschen leben davon, dass uns jemand liebt und zu uns hält, seien es Gatten, Freunde oder Kinder. Wir leben von der Zuneigung (hebr. „chesed") und der Zuverlässigkeit (hebr. „emet") der anderen.

Ob sie von den Ihren noch geliebt werden, haben sich auch die heimkehrenden Soldaten und Kriegsgefangenen aller Zeiten und gerade des eben vergangenen Jahrhunderts gefragt. Welches Schicksal einen nach langen Jahren der Abwesenheit heimkehrenden Mann erwarten kann, führt uns eine grausame Geschichte vor Augen: Agamemnon, der König von Mykene, war zehn Jahre im trojanischen Krieg gewesen. Als er heimkehrt – und dabei Kassandra, die Prophetin und Tochter des besiegten Königs von Troja als Gefangene mitführt –, wird er von seiner Gattin Klytämnestra am Burgtor laut und herzlich willkommen geheißen. Aber diese Begrüßung ist nur schreckliche Fassade! Klytämnestra hatte sich während der Abwesenheit ihres Gatten mit Aigist verehelicht. Der ahnungslose Agamemnon wird zur Reinigung und Erholung ins Bad gebeten, dort aber von Aigist mit der Axt erschlagen. Die Königin erwürgt Kassandra, die als Prophetin das Unheil vorausgesagt hatte.

Die Kinder des Königspaares sind Orest und Elektra. Elektra fügt sich im Haus der Gattenmörderin zornig und widerwillig. Ihr Bruder Orest emigriert und kehrt nach Jahren inkognito zurück. Dann ermordet er aus Recht und Rache seine Mutter und deren Liebhaber.

Das also konnte vor 3000 Jahren und vermutlich zu allen Zeiten einem jahrelang fortgebliebenen Kriegsheimkehrer widerfahren. Und was erwartet den heimkehrenden Odysseus nach zwanzig Jahren?

Weil Odysseus, der König von Ithaka, schon mehr als ein Jahrzehnt als verschollen gilt, nisten sich viele junge adelige Männer in seinem Palast ein. Sie wollen seine Frau heiraten und seine Königsherrschaft übernehmen.

Odysseus Gattin Penelope hält treu zu ihrem Mann und zögert die Entscheidung durch eine List immer wieder hinaus: Erst wenn sie an ihrem Webstuhl ein großes Gewebe vollendet habe – so gibt sie an –, wolle sie sich entscheiden. Doch des Nachts trennt sie das gewirkte Tuch immer wieder auf. Sie webt gleichsam immerfort an ihrer treu gebliebenen Liebe weiter.

Klar bezeugt Homer, dass Athene, die Weisheitsgöttin mit glänzenden Augen, Penelope in ihren Schutz nimmt. Sie senkt sie *„in süßen Schlaf. Und so sank sie schlafend zurück gleich dort in den Lehnstuhl, alle Gelenke erschlafften. Die hehre Göttin indes brachte unsterbliche Kleider zum Staunen und Schaun der Achaier, reinigte erst ihr schönes Gesicht mit ambrosischer Schönheit, salbte sie so, wie die herrlich bekränzte Königin Kytheras, immer wenn sie zum lieblichen Tanz der Charitinnen schreitet. Schließlich bewirkte sie, dass sie noch größer und fülliger aussah, dass sie noch weißer erschien als elfenbeinernes Schnitzwerk. Als sie sich so bemüht, ging weg die erhabene Göttin"* (18,188–197).

4. Und die Treue des Mannes?

Mit Grund hatte die Zauberin Kirke den Odysseus vor dem Gesang der Sirenen gewarnt: Denn zwei von seinen zehn Jahren der Irrfahrt verbringt der Heimkehrende auf der Insel der Zauberin und ganze sieben Jahre als Geliebter der Nymphe Kalypso. Diese haust auf einer wunderschönen Insel, die mit Erlen, Pappeln und duftenden Zypressen bewaldet, mit Veilchenwiesen verzaubert und von Eulen, Habichten und Möwen bewohnt ist. Die Nymphe selbst bewohnt eine wunderschöne Grotte. *„Ihr Sang klang schön in der Tiefe des Raumes. Hin und her am Webstuhl ging sie, mit goldenem Schiffchen wob sie"* (5,61–63).

Auf diese Insel hat es Odysseus als Schiffbrüchigen verschlagen – von seinen Gefährten verlassen, denn sie sind alle umgekommen. Was nützt ihm sein Heimweh? Er wird der Geliebte der Göttin und teilt mit ihr sieben Jahre lang das Leben und das Lager. Wie sollte er, der Mittellose und Einzelne, sich von der Nymphe lösen und die Insel verlassen können? Seine Gattin Penelope muss so vergebens auf ihn warten. In dieser Situation setzt sich die Göttin Athene für ihn vor dem Rat der Götter ein und spricht: *„Denkt und dankt es dem hehren Odysseus doch keiner der Leute, die er beherrschte, und war ihnen doch wie ein gütiger Vater. Ach, er liegt auf der Insel fest und in heftigen Schmerzen dort im Palaste der Nymphe Kalypso, sie zwingt ihn zu bleiben. Er aber kann in das Land seiner Heimat gar nicht gelangen, fehlt es ihm dort doch an Ruderschiffen, es fehlen Gefährten, die ihn über den breiten Rücken des Meeres geleiten"* (5,11–17).

Athene erwirkt von Zeus, dass dieser den Götterboten Hermes – wie einen Engel – sendet, um dem Odysseus von der Geliebten zu befreien und die Heimkehr zu ermöglichen. Als die Nymphe, selbst vom Abschiedsschmerz zerrissen, den Odysseus auffordert, sich ein Floß zu bauen und von ihr Proviant und Geschenke für die Reise anzunehmen, kann er es anfangs nicht glauben und argwöhnt dahinter eine List der Geliebten.

Odysseus zimmert mit einer Axt (wie Noah!) sein Floß und setzt sich der Weite des Meeres aus, das der Meeresgott Poseidon stürmisch aufwühlt. Die Winde stürzen von allen Richtungen herein, die Wellen überschlagen sich – und Odysseus strandet in entsetzlicher Not und Irrfahrt vor der Insel. Wieder ist es Athene, die die Stürme bändigt und ihn das Ufer erreichen lässt. Athene ist weiter am Werk: Sie bringt Nausikaa, die Tochter des Königs dieser Insel, dazu, mit ihren Gespielinnen Kleider an der Mündung des Flusses zu waschen. Sie finden den zu Tode erschöpften und entsetzlich zugerichteten Odysseus, reinigen, salben ihn und kleiden ihn neu ein.

Diese Erzählung liest sich wie eine Taufgeschichte, in der dieser Mann ein neuer Mensch wird. Verfolgt man die Stationen seines Weges – vom Scheusal Polyphem über die Schweinezauberin Kirke, die verlockenden Sirenen und die Geliebte Kalypso bis zur Begegnung mit diesem anmutigen und doch selbstlosen Mädchen Nausikaa –, dann kann man diese Stelle mit Recht einen Wendepunkt in der *inneren* Irrfahrt des Odysseus nennen.

„Sonne versank und sie kamen zum ruhmvollen Hain der Athene; heilig war er. Dort setzte sich nieder der hehre Odysseus, flehte dann gleich zur Tochter des großen Zeus im Gebete: ‚bezwingliche Tochter des Zeus ... Höre, vernimm mich jetzt endlich! ... lass mich erbarmenswert und als Freund den Phaiaken begegnen!‘ ... Freilich vor ihm erschien sie noch nicht in Person" (6,321–329).

5. Väter und Söhne

Als Odysseus nach dem zehnjährigen Krieg nicht heimkommt, gilt er als verschollen. Penelope, seine Gattin, verfällt in unsäglichen Jammer. Anders, völlig anders reagieren hingegen die Söhne der umliegenden Könige und Herrscher. Diese jungen, unverheirateten Männer werden als hochmütige, prasserische und schmarotzerische Adelsgesellschaft geschildert. Sie rechnen ja mit dem Tod des Königs Odysseus. Sie beschließen später auch den Tod seines Sohnes Telemach, denn ihnen geht es um die Herrschaft, um das Königwerden auf Ithaka.

Da Penelope für den unmündigen Sohn die Herrschaft führt und sie den ganzen Besitz des abwesenden Königs verwaltet, wollen diese Jungadeligen durch Heirat an die Macht kommen. Sie kommen zahlreich, mit Herolden und Dienern. Sie nisten sich in das Schloss des Königs ein und führen über Jahre hinweg ein Schlemmerleben. Sie verprassen im täglichen Gelage den Besitz. Die Hirten müssen ihnen immer die besten Schafe, Ziegen und Schweine bringen. Sie verbringen ihre Zeit mit Wettkämpfen wie Speerwerfen, Diskusschleudern und Ringkämpfen. Hier ist der Generationenkonflikt unverhohlen ausgebrochen.

Und der Sohn Telemach – auf welcher Seite steht er? Er könnte ja ebenfalls die Abwesenheit des Vaters als seine Chance nützen. Er könnte wie Ödipus zum heimlichen oder offenen Feind des Abwesenden werden – die Mordabsichten der anderen sind ja unverkennbar …

Durch einen bewundernswerten Kunstgriff der Eposgestaltung beginnt der erste Gesang mit Telemach und seinem verzweifelten Versuch, sich gegen die Freier zu wehren. Und wieder ist es die Weisheitsgöttin Athene, die alles zum Guten wendet. Sie erscheint dem Sohn, fordert ihn auf, sich nicht mehr als Knabe zu fühlen und als Herangewachsener Verantwortung zu übernehmen. Sie gibt ihm Mut, die Freier in die Schranken zu weisen und sich als der kommende Herrscher einzuführen.

Natürlich wird er nur verlacht. Doch – wie um ihn vor Mordanschlägen zu schützen – schickt Athene ihn auf die Reise aufs Festland, bis nach Sparta, um den Vater selbst oder doch eine Kunde über sein Verbleiben, sein Leben oder seinen Tod zu erhalten. Telemach bricht auf und sucht über zwei Jahre lang seinen Vater. Das große Epos beginnt also mit der Suche des Sohnes nach seinem Vater. Wo er hinkommt, wird er gastfreundlich aufgenommen. Doch nirgends bleibt er, weil er immer seinen Vater vor Augen hat.

Die Beziehung dieses Sohnes zu seinem Vater, diese unentwegte Vatersuche ergreift das Herz.

Der Dichter lässt den Vater nicht vor dem Sohn heimkehren. Odysseus geht aber nicht in die Burg, um sich nicht zu gefährden, sondern in den Schweinehof auf dem Land, dessen Hirten er gut kennt. Er gibt sich nicht zu erkennen, wird jedoch als Fremdling in der Gestalt eines Bettlers gastlich aufgenommen und bewirtet.

Auch als der Sohn Telemach auf dem Schweinehof erscheint, führen sie lange Gespräche über die bedauernswerte Abwesenheit des Vaters. Erst das Erscheinen der Göttin Athene führt dazu, dass sich der Vater dem lange zweifelnden und ungläubigen Sohn zu erkennen gibt. Sie liegen sich weinend in den Armen, bis die Sonne untergeht. Athene jedoch hat die innere Schönheit des Odysseus nach außen gewandelt, sodass er seinem Sohn zunächst wie ein Gott erscheint. Vermag die göttliche Gnade und Huld den Menschen zu seiner wahren Berufung und Gestalt zu wandeln?

„Also sagte Athene und strich über ihn mit dem Stabe, legte ihm erst einen schön gewaschenen Mantel und Leibrock rund um die Brust und verjüngte ihn, machte ihn stattlicher; dunkel wurde die Haut und die Kinnladen strafften sich, während die Haare rund um das Kinn ins Schwärzliche schimmerten" (16,172–176).

6. Als Bettler im eigenen Haus

Nur dem Sohn gibt der Vater sich zu erkennen, nicht dem treuen Schweinehirten. Beide begleiten ihn in sein eigenes Herrenhaus. Dort sitzt er als Zerlumpter bettelnd vor der Tür seines eigenen Hauses. Die Feiernden verlachen, verspotten und vertrieben ihn sogar manchmal. Bettelnd geht er beim Mahl von einem zum anderen und lernt so deren Gesinnung kennen.

Auch seine Frau Penelope erkennt ihn nicht. Sie achtet aber das Gastrecht des Bettlers und verlangt das auch von den Dienern und Freiern. Sie will von ihm ja auch Auskunft über den verschollenen Gatten erhalten und gießt vor ihm ihren Kummer aus.

Die unerkannte Bettlergestalt im eigenen Haus ist nur nach außen hin ein Abstieg. Vergleicht man sie mit der Mord- und Raublust und dem hochmütigen Treiben der Adelsgesellschaft, so kommt in ihr erst die wahre Gestalt

des Menschen zum Vorschein: Sie verzichtet auf das groß-
mächtige Äußere und ist arm vor ihren Göttern.

Ein Wesen jedoch erkennt den Heimkehrenden – es ist
der Hund Argos, den Odysseus seinerzeit selbst aufgezo-
gen hat. Er liegt nun sterbend auf einem Misthaufen,
spitzt jedoch beim Herannahen seines Herrn die Ohren,
wedelt mit dem Schwanz – und verendet.

Wie Athene dem Odysseus gerade in seiner Bettlergestalt Nähe und Kraft gibt, zeigt sich, als ein anderer Bettler ihn höhnend zum Kampf herausfordert: *„Odysseus
nahm seine Lumpen, die Scham damit zu umgürten und
zeigte große und prächtige Schenkel, breite Schultern erschienen, wuchtige Arme, die Brust; denn nahe kam ihm Athene,
Frische und Fülle den Gliedern des Hirten der Mannen zu
geben. Sämtliche Freier befiel da indessen ein haltloses Staunen, mancher ließ sich vernehmen und blickte dabei auf den
Nachbarn: ‚Jetzt trifft Iros Airos das Unheil, das er herbei-
rief. Welch einen Hinteren zeigt uns der Alte da unter den
Lumpen!‘"* (18,66–74)

7. Recht und Gericht

Von der Göttin Athene gestärkt und ermutigt, tritt Telemach nun in seinem Haus als der auf, der er ist: der Herr.
Er weist die Freier in ihre Schranken und zeigt sich auch
der erstaunten Mutter gegenüber als erwachsener Sohn.
Nun ist auch klar, dass sie sich entscheiden muss. Denn
wenn sie jetzt jemandem zum Mann nimmt, muss sie mit
diesem das Herrscherhaus verlassen und Telemach die
Herrschaft abtreten.

Ihr Herz hängt immer noch an Odysseus. Deshalb ersinnt sie eine Lösung. Sie lässt den Bogen des Odysseus holen – den berühmten ehernen Bogen – und verspricht jenem ihre Hand, der ihn wie Odysseus spannen könne. Doch keinem gelingt dies.

Odysseus hatte sich aber mit Telemach verabredet. Dieser bringt alle Waffen aus dem Saal weg und bittet Mutter und Mägde, während des Mahles im Obergeschoß des Hauses zu bleiben … Als nun Odysseus, der Bettler, bei allem Gelächter der Freier den Bogen spannt und zielsicher schießt, vergeht diesen ihr Lachen. Der wahre Herr des Hauses gibt sich zu erkennen. Er sagt ihnen das von den Göttern beschlossene Gericht an – so setzt sich der Dichter Homer auch selbst von der schmarotzenden Adelsgesellschaft ab.

In unwahrscheinlicher Genauigkeit und Grausamkeit wird dieses Hinmorden der Freier und der mit ihnen verbundenen Mägde geschildert. Odysseus begibt sich dadurch auch außerhalb des damaligen Rechts, das keine Mörder in der Gemeinschaft duldet, sondern sie in die Verbannung schickt. Aber mehrmals wird betont, dass dieses unheilvolle Strafgericht Wille der Götter sei. Wie auch hier die Gnaden spendende Athene ihr Werk tut, wird in der kurzen Erleuchtungsszene sichtbar: *„Wörtlich sagte Telemachos jetzt sofort zu seinem Vater: ‚Vater, ich sehe ein Wunder, ein großes, hier vor den Augen! Deutlich hab ichs vor Augen: die Mauern des Hauses, die schönen Balken und tannenen Sparren und aufwärts ragenden Säulen machen den Eindruck, alles strahle in loderndem Feuer. Wahrlich, ein Gott ist hier innen, ein Herr aus dem breiten Himmel‘"* (19,35–40).

8. Die Begegnung der Gatten

Odysseus und Penelope werden als Eheleute geschildert, die sich innigst lieben, aber durch zwanzig Jahre hindurch einander entbehren müssen. Wie wird ihre Wiederbegegnung sein?

Was als äußere Trennung der Liebenden erzählt wird, kann ja auch in der innerseelischen Entwicklung eines Paares eine Entfremdung andeuten, die über Jahre hindurch zwischen beiden waltet. Sie haben durchaus Sehnsucht nach der wahren Liebe, aber sie sind zu weit voneinander „entfernt und entfremdet", um sich diese Liebe auch geben zu können.

Erst durch die Läuterung und Verwandlung eines jeden Partners für sich (die in den Reisestationen des Odysseus für den Mann und in den verschiedenen Frauentypen für die Frau geschildert werden) ist eine Annäherung, eine Erfüllung der anfänglichen Hoffnung und Sehnsucht möglich. Während der Partnerschaft muss geschehen, was sie verwandelt und erfüllt.

Ein Schritt auf sie hin ist die Begegnung mit einer Mutterfigur. Seine einstige Amme, die ihn als Säugling genährt und gepflegt hatte, gibt Odysseus, dem Bettler, ein Fußbad in güldenen Gefäßen. Sie erkennt an einer bestimmten Narbe am Fuß ihr einstiges „Kind". Odysseus jedoch nötigt sie zu schweigen. Es scheint, als werde hier das Mutterbild im Mann wieder aufgenommen und so wohltuend und innig integriert.

Erst die überglückliche Amme, diese verschlüsselte Muttergestalt, kann der Gattin die Kunde von der Heimkehr des Mannes überbringen. Penelope kann es zunächst nicht glauben. Die Begegnung der beiden Eheleute findet in der Halle statt. Die Frau sitzt dem Mann auf der anderen Seite des Saales gegenüber und tastet sich heran, ob er wohl der Wirkliche sei, damit sie nicht einer List und Täuschung erliege. Ihr Zögern und ihre Vorsicht sind so auffallend, dass sowohl Odysseus wie Telemach zornig werden: *„Mutter, kannst du immer noch nicht glauben, dass der Mann heimgekehrt ist?"* Sie kann zuerst kaum glauben, dass die erlöste Liebe zwischen ihr selbst und ihrem Mann möglich wird.

Sie prüft Odysseus an einem Zeichen, das nur die beiden wirklichen Ehegatten kennen können: Um einen Ölbaum, der im Hof stand, hat Odysseus das Obergemach gebaut und den Stamm des Ölbaums zum Eckpfeiler des Ehebettes gemacht. Der Lebensbaum, der Öl spendet, als Zeichen und Symbol der Liebe! Dieses Bett kann man nicht entfernen. Als Penelope dessen Entfernung aber zum Schein anordnet, da braust Odysseus auf und spricht vom Ölbaum, der zum Träger des Bettes geworden war.

Lebensbaum und Liebesgeheimnis sind nun erkannt und vereinen sich. Die Entfremdung ist durch die Läuterung des Mannes und die Prüfung der Frau überwunden. Sie können einander lange weinend in den Armen liegen, stundenlang aus ihrem Leben erzählen und die Liebe genießen!

9. Die Versöhnung

Odysseus, der das Gericht über die Freier vollzogen hat, muss aus seinem Hause fliehen, denn vor dem Volksrecht gilt er als vielfacher Mörder. Er flieht auf das Landgut, auf dem sein alter Vater als gebrechlicher und armseliger Greis seinen Lebensabend verbringt und noch den Garten pflegt. Auch diesem gibt sich Odysseus nicht gleich zu erkennen.

Als gemeinsames Erkennungszeichen erzählt er aber dem staunenden Vater eine Begebenheit, die nur Vater und Sohn wissen: Dieser hat nämlich seinem Sprössling, als er noch ein Knabe war, immer Bäume geschenkt und zum Pflanzen und Pflegen gegeben – Apfel-, Birn- und Feigenbäume sowie Rebstöcke.

Auch hier wird das Motiv des Lebensbaumes zum inneren Geheimnis. Des Weinens über die Freude des Wiedersehens hat kein Ende: *„Sprachs und sofort versagten sein liebendes Herz und die Knie, denn er erkannte die Zeichen, die treffend Odysseus ihm sagte. Innig umschlang er den lieben Sohn und er war am Verhauchen, hielt ihn der große Dulder, der hehre Odysseus, nicht aufrecht"* (24,345–348).

Odysseus muss beim Gang zu seinen Wurzeln auch den Vater aufsuchen – das bedeutet, den Vater in sich aufzusuchen und von diesen Ressourcen leben zu lernen. Er braucht diese Kraft des Vaters für die nächste Aufgabe, denn schon stehen gerüstete Männer vor dem Gartentor, um an Odysseus Rache zu nehmen. Er, sein Vater und der Sohn stellen sich zum Kampf und Odysseus erschlägt den Rädelsführer.

Doch da zündet aus heiterem Himmel der Blitz des Zeus – und er verbietet das Kämpfen und die Rache. Zeus und seine Tochter, die Göttin Athene, untersagen die Blutrache und fordern die Versöhnung, die Vergebung und einen Bund: *„Athene … schrie, was sie konnte, und brachte die Leute nun alle zum Halten: ‚Nichts mehr vom schrecklichen Krieg, Ithakesier, haltet jetzt Ruhe, trennt euch und spart euer Blut und tut es in möglichster Eile!‘ … ‚Odysseus, jetzt halt ein und beende den Streit des gemeinsamen Kampfes.‘ … Freund und Feind aber ließ am Ende den Frieden beschwören Pallas Athene, die Tochter des Zeus"* (24,529–547).

„Jahre" der Verwandlung

Das großartige Epos der „Odyssee" beginnt (schon in dem „Vorgängerwerk" Ilias) mit einer Unkultur von Krieg, Raub- und Mordlust.

Am Ende steht nun die vollendete Gattenliebe, die Liebe der Väter zu ihren Söhnen und die Liebe der Söhne zu ihren Vätern (Odysseus ist Vater und er ist Sohn zugleich).

Am Ende steht die Absage an eine ausbeuterische Adelsgesellschaft und die Verpflichtung zum Bund statt zur Entzweiung.

Dieses Gedicht muss ein so langes Epos sein, weil die Jahre der Verwandlung des einzelnen wie der Gesellschaft so viel Zeit beanspruchen.

Am Anfang der Kultur Europas steht in der „Odyssee" des Homer somit eine Botschaft, die vielleicht noch nie so dringend zu hören wäre wie in unserem Jahrhundert: von der Auseinandersetzung und der Feindschaft zur Liebe und zur Versöhnung zu finden – in der Gesellschaft und jeweils für uns selbst.

Abbildung: Alois Neuhold

Der Ochse und sein Hirte
Ein altchinesisches Erlösungsgleichnis

1   Es war einmal ein Hirte, dem der Ochse, den er hüten sollte, abhanden gekommen war. Nun irrte der Hirte in der weiten Graslandschaft herum.

2   An einem Wasserlauf entdeckte er verschiedene Spuren – war darunter auch eine Spur seines Ochsen?

3   Wenn der Hirte sehr aufmerksam wurde, mochte es sein, dass sich plötzlich der Ochse zu erkennen gab – irgendwo verdeckt und versteckt.

4   Eines Tages traf er den Ochsen, doch der war wild geworden und man musste ihn erst einfangen – mit einem Stock!

5   Endlich gelang es dem Hirten, den Ochsen zu zähmen, indem er fest um ihn sein Leitseil schlang.

6   Der Kampf war vorüber, der Hirte setzte sich auf den Ochsen und ritt auf ihm heim. Er war ganz gelöst und heiter.

7   Der Ochse war vergessen, der Mensch blieb, denn der Ochse war irgendwo im Menschen aufgegangen, beide waren eins geworden.

8   Der Ochse und sein Hirte waren vergessen und ein großer, leerer Kreis tat sich auf – war das ein Bild der Vollkommenheit? Ein Blick in ein Jenseits und darüber hinaus?

9   Der Hirt ging mit offenen Händen auf den Marktplatz der Menschen – jedoch war er nicht mehr der gleiche, denn er hatte inzwischen seinen Ochsen gefunden und auch wiederum vergessen. Doch er half den Menschen, die Suche nach ihrem Ochsen aufzunehmen.

Das Ochsengleichnis als Weg – Der religiöse, psychologische und therapeutische Weg

Für zahlreiche Menschen des Fernen Ostens, die sich der Weisheit des Buddhismus und des Zen verbunden wussten, wird das Ochsengleichnis eine gültige Beschreibung ihres Heils- und Lebensweges gewesen sein. Die Stationen des Gleichnisses verraten, dass sie aus der Erfahrung der vielen erwachsen sind, so dass diese für andere immer wieder als gangbarer Weg und als einleuchtende Sinngebung nachvollziehbar waren.

Erstaunlich ist auch die Nähe des Gleichnisses zu den Erfahrungen vieler Menschen aus unserem Kulturkreis – v. a. jener, die sich ihrerseits bewusst auf einen inneren Weg machen. Dieser Aufbruch ist von vielen gar nicht religiös-konfessionell gedeutet. Wer ihn aber geht, darf die Worte Jesu auch für sich hören: *„Du bist nicht fern vom Reich Gottes"* (Mk 12,34).

Die Frage, die sich bald aufdrängt, lautet: Was oder wer ist unter dem Ochsen gemeint? Die Zenmeister würden auf diese Neugierde nur mit einem Lächeln antworten. Denn der Wissende weiß es, dem Unwissenden ist es nicht weiszumachen.

Aufmerksam wahrzunehmen ist, dass nicht vom Menschen schlechthin geredet wird, sondern dass der Mensch „Hirte" genannt und er von vornherein mit dem Ochsen in Verbindung gebracht wird: Er ist dem Ochsen immer schon zugeordnet und wohl auch für ihn verantwortlich.

Er ist der Hüter des Ochsen, der Hüter des Seins (vgl. Martin Heidegger).

Wenn ihm der Ochse abhanden gekommen ist, dann ist er irgendwie mit daran schuld. Der Ochse ist in Wirklichkeit auch nie von ihm gewichen, sondern nur der Mensch vom Ochsen. Als „Hirte" ist er so dem Ochsen zugeordnet, dass er, ohne ihn zu finden, wohl auch sich selbst verlöre.

Die Zenmeister verweisen ihre Schüler nicht in den Himmel, nicht auf die Religion, sondern auf die Erde und ihre Dinge, weil sie den Himmel in den Dingen erfahren haben.

Hat sich den suchenden, anklopfenden und bittenden Menschen im Tao der Schöpfungslogos geoffenbart? Ist das Tao unnennbar, weil es göttlich ist – wie es der erste Spruch des Tao te king sagt? Ist es göttlich, weil es die den Dingen innewohnende Schöpfungslogik Gottes ist? Ja, mehr noch: Stoßen die Menschen in den Dingen auf den Schöpfungslogos der Dinge: auf die Absicht, die sie schuf … auf die Hand, die sie trägt?

Der große Wasserbüffel mit seinen ausladenden Hörnern ist das Bild für die göttliche Weisheit der (Gottes-)Sucher.

Einem in der Zelle meditierenden Mönch wuchsen so mächtige Büffelhörner, dass er nicht mehr bei der Tür seiner Zelle hinauskonnte. Wer auf diese Weisheit stößt und ihrer teilhaftig wird, bekommt große, vielleicht sogar überirdische Kraft. Doch weil es die Kraft eines Ochsen ist, trägt sie nichts mehr von der zerstörerischen Art des Stieres an sich (dieser war das Bild des Zeus in Syrien und Kreta). Liegt die „Fruchtbarkeit" dieses meditierten

Ochsen in seiner transzendierenden Größe, weil seine Schnauze bis zum „Himmel" reicht?

Die Stationen des Ochsengleichnisses

1. Die Suche nach dem Ochsen

Auf dem gemeinsamen Hintergrund von Buddhismus und Taoismus ist der Weg des Zen zu sehen. Meint der Ochse mein „Tao" – meinen ganz persönlichen und zugleich den kosmischen Lebenssinn?

Am Anfang und am Ende der Bilder ist vom Ochsen keine Rede: Tritt er nur ins Bewusstsein, wenn er fehlt? Ist den noch unmündigen, noch spielenden Kindern der Ochse so selbstverständlich wie – nach Jesus – das Reich Gottes den Kindern? Würde man den „Kleinen Prinzen" aus dem wunderbaren Märchen fragen: „Was ist der Sinn deines Lebens?" – bekäme man vielleicht zur Antwort: „Willst du mit mir Schmetterlinge fangen?" Braucht es die Erfahrung der Einsamkeit und des Verlustes, um sich daran zu erinnern, was man einmal besaß, ohne es zu wissen? Die Hitze des (Lebens-)Tages, die Schweißperlen auf der Stirn, die Tränen vieler trauriger Abschiede, die Einsamkeit in der leeren Wüste – sie lassen mich aufmerksam werden, dass mir etwas fehlt. Doch merkwürdig: Der Hirte weiß nicht einmal, dass er einmal einen Ochsen hatte und dass er dessen Hüter war.

2. Erblicken der Spuren

Mit dem Gefühl des Unbehagens, weil ihm etwas Unbekanntes fehlt, kommt der Hirt auf einen Wasserlauf und findet dort viele, sich kreuzende Spuren. Der Hirt ist zwar schon lang auf der Suche, dennoch weiß er jetzt nicht, welcher Spur er folgen soll. Doch wiederum ist die Rede davon, dass der Ochse gar nicht fehlen kann, weil seine Schnauze bis in den Himmel reicht – er also kosmische oder metaphysische Dimensionen hat.

Für die Menschen mögen diese Spuren sein: Gespräche mit Freunden, Weisheitssprüche oder religiöse Lehren, Erinnerungen an die Tage der Kindheit … Welche Worte sind für ihn die richtige Spur? Findet er sie je heraus?

3. Erblicken des Ochsen

Der Ochse muss sich wohl selbst und von sich aus dem Suchenden zeigen, damit dieser in den Blick bekommt, wonach er suchen könnte und sollte. Doch der Anblick mag zugleich schon erleuchtend sein: „Das ist es, was ich suche!" Hier wird sich der Mensch bewusst, dass er überhaupt ein Hirte – der Hirte gerade des Ochsen – ist. Dass er also für dessen Verschwinden wie für sein Wiederfinden verantwortlich ist!

Die Zen-Gedichte sprechen ausdrücklich davon, dass der Ochse nicht als gesonderte Gestalt auftaucht – sondern mit allen Sinnen *inner*halb der Dinge dieser Welt wahrgenommen wird. Sie reden gleichsam davon: Mach die Augen auf – und du wirst ihn im Grün der Bäume *sehen*! Mach die Ohren auf – und du wirst ihn aus dem Singen einer Amsel heraus *hören*. Fühle deine Haut – und du *spürst* ihn an der Liebkosung des Windes oder eines Geliebten. Schmecke die Frucht des Birnbaumes – und du *schmeckst* seine Süße.

Eine abstrakte Frage nach dem Sinn des Lebens ist diesen Meistern der Lebenskunst fremd. Sie rufen den Menschen zur inneren Wachheit, die zur wachen Aufmerksamkeit nach außen wird – so aber, dass sie die Innenseite der Dinge immer mit wahrnimmt.

4. Einfangen des Ochsen

Eigenartig wird auch die Rohheit, Wildheit, Unbändigkeit und der Eigensinn dieses Ochsen beschrieben. Er zeigt sich zwar von sich aus, doch er haust in der Wildnis und will eingefangen werden. Nur wenn der Mensch ihn fangen will – und dies mit dem Aufgebot all seiner Kräfte –, kommt der Ochse zu ihm zurück. Das Zähmen hat etwas Bedrohliches an sich. Es erinnert an den Kampf des heiligen Georgs mit dem Drachen, an die Auseinandersetzung mit dem eigenen Schatten – mit der eigenen Vergangenheit und mit deren verkehrten Lebenseinstellungen, die zum Verlust des Ochsen geführt haben. Hier wird etwas von dem sichtbar, was die Therapie als den Weg des Helden in die Unterwelt, des Rotkäppchens durch den bedrohlichen Wald und als die Nachtmeerfahrt der untergegangenen Sonne erkennt. Diese Suchreise mag bei vielen Menschen ebenso lang dauern, wie sie den Ochsen schon an Jahren vermissen.

Ständiger Verlust an Lebenskraft, an Freude und Motivation zum Schaffen und Lieben mag wie ein Stachel sein, der die Suche aufrechterhält. Die Zen-Gedichte sprechen davon, dass die Suche mit einem Seil geschieht und dass der Hirt eine Peitsche braucht. Wenn nun dieser Ochse ein Teil seiner selbst ist – bedarf der Hirte der Strenge und Konsequenz gegen sich selbst?

Die ganze Szenerie erinnert an den Kampf des Tobias mit dem Fisch und an den schrecklichen Aufenthalt des Odysseus in der Höhle des Riesen sowie an die Auseinandersetzung der Gretel aus dem Märchen mit der tötungsbereiten Hexe. Wahrscheinlich ist es auch ein Kampf auf Leben und Tod – denn einer wird auf der Strecke bleiben: der Ochse oder der Mensch; eher der Mensch, wenn er den Ochsen nicht findet oder dieser ihn überwältigt.

5. Zähmen des Ochsen

Wunderbar wird für jene Menschen, die den Kampf um den Ochsen nicht aufgegeben haben, die Zeit der Zähmung sein. Sie erscheint wie das Erwachen eines neuen Frühlings, in dem das Neue jetzt seine Bedrohlichkeit verloren hat.

Es ist eine bräutliche Zeit, in dem eines vom anderen fasziniert und verzaubert ist. Das Bild der geliebten heimzuholenden Braut ist angebracht, weil die Seele sich wieder zu entdecken beginnt und zugleich als verheißungsvolle Weisheit wie eine Braut heimgeführt wird. Nannten wir die Weisheit die „Logik Gottes in den Dingen", so mag sie auch der schöpferische Akt sein, mit dem wir aus den Brunnen des Lebens zu schöpfen beginnen. Sie liegt nicht außerhalb von uns, sondern rauscht in unseren eigenen Tiefen. Die Begegnungen mit uns selbst und den anderen werden zärtlicher, die Wachheit ist aufmerksamer auf all das in und um uns gerichtet, die Urteile über andere verschwinden, weil das Erstaunen über den Reichtum der Seele um sich greift.

Den Ängsten und der Erschöpfung folgt eine Zeit des Aufatmens und der Erholung. Es ist eine Zeit offener Begegnung, staunender Wahrnehmung, zärtlichen Umgangs und liebender Annäherung – mit sich, mit anderen und mit den Dingen und ihrer innewohnenden Weisheit.

6. Heimritt auf dem Ochsen

Der am Feierabend auf dem Rücken des Ochsen heimkehrende, zu sich heimkehrende Mensch spielt getrost wieder das Lied einer Lebensmelodie. Er hat sie wieder entdeckt, weil er *seinen* Ochsen gefunden hat. Er trinkt an den Quellen des eigenen Lebens, die ihm in der Symbolgestalt des an Wasserläufen lebenden Büffelochsen immer schon zugedacht waren. Er weiß, was er entdeckt hat, er schätzt, was er wieder gefunden hat.

Er genießt seine neue Kraft und vertraut sich ihr ganz an. Der Grundzug seiner Daseinsstimmung wird die Dankbarkeit sein.

7. Der Ochse ist vergessen, der Mensch bleibt

Aufmerksam will das siebente Bild betrachtet werden: Der Suchende ist ganz bei sich, weil er ins Selbst eingekehrt ist. Der Ochse ist nicht mehr sichtbar, weil er im Hirten aufgegangen ist. Es wird hier wohl die Zeit der Integration beschrieben, die die Zweigeteiltheit zwischen dem fragenden, suchenden „Subjekt" und dem gefragten und gesuchten „Objekt" – dieses vitalen oder geistigen Suchens – aufhebt. Vielleicht wird diese Zeit wieder genügsamer oder auch nicht mehr so rauschend schön wie die Zeit des Entdeckens und sich Verliebens.

Auch die Glaubenserfahrung kennt die Tatsache, dass Christus plötzlich nicht mehr *vor* einem ist (damit man ihn betrachte und lobe), sondern *hinter* einem. Es ist, als würde er wieder aus dem Blickfeld verschwinden. Er ist aber nicht verschwunden, er ist da, in der Weise der Abwesenheit! Wozu dies?

8. Das leere Fenster:
Ochse und Mensch sind vergessen

Der Glaubende weiß: Ich lebe und Christus lebt in mir – *in* mir, aber nicht vor mir sichtbar. Das Tao wird wörtlich als „Weg" übersetzt. So nennt sich auch Christus selbst. Der Weg ist zum Gehen da und nicht selbst das Ziel. Das Ziel der Lebenswanderung wird vom Zen-Buddhismus als perfekter, aber leerer Kreis dargestellt – der alle Vollkommenheit in einer Gestalt umfasst, doch gleichsam inhaltsleer ist. Gott und das Tao sind unnennbar, unaussprechbar.

Die Suche nach dem Ochsen ist gleichzeitig die Suche nach dem unaussprechlichen Geheimnis (auf unserer Grafik als offenes, gotisches Fenster angedeutet). Das mag oft mehr schmerzen als beseligen. Augustinus sagt: „Gott erhört unsere Gebete nicht so, dass er unsere Wünsche wie leere Krüge füllt; er weitet sie vielmehr, damit sie noch mehr fassen – und das nennen wir Sehnsucht."

9. Betreten des Marktes mit offenen Händen

Spätestens von dem Bild an, in dem der Ochse nicht mehr vorkommt, können die Bilder in der Sprache des Zen genauso interpretiert werden wie in der christlichen Tradition. Taoistisch wie jüdisch-christlich ist es auch, dass den ursprünglich acht Bildern ein neuntes beigefügt wurde: Der wiedergeborene Mensch, der den Ochsen gefunden und integriert hat, ist nun zu den anderen Menschen gegangen, um als alltäglicher Mensch seinen Zeitgenossen und Zeitgenossinnen auf der Suche nach ihrem verloren gegangenen „Ochsen" zu helfen.

Sinnsuche und Psychotherapie

Hinweisen möchte ich noch darauf, dass alle diese Bilder und unsere Interpretation mit dem Therapiekonzept der Gestalttherapie und vor allem mit dem Ansatz ihres Gründers Fritz Perls verwandt sind, bei dem jede Heilung in der Kontaktfähigkeit und im Kontakt geschieht. Er unterscheidet dabei drei Phasen, die sich im Ochsenweg wieder finden:

Die *Phase des Vorkontaktes*: Unzufriedenheit, Krankheit und Verlust alter Sicherheiten melden sich als ein Bedürfnis. Wenn man diesem folgt, zeigt es eine Spur und führt zu einer Ahnung – einem Bild davon, was man sucht oder suchen könnte. Die erste Phase (in der Menschen oft in Beratung kommen) ist die Phase der Selbstentfremdung, des unbenennbaren Bedürfnisses, des Hungers nach einem noch nicht benennbaren „Etwas".

Die zweite Phase ist die *Phase der Kontaktaufnahme*, der aktiven Begegnung. Sie führt zu Berührungsängsten mit dem Gesuchten und geht dann über in ein „Sich-Anfreunden-mit …". Schließlich erfolgt die Aufnahme des zuvor Verlorenen oder Gemiedenen.

Die dritte Phase nennt man die *Phase der Integration*, die zwischen dem Gefundenen und sich selbst nicht mehr unterscheidet, weil man „es" selbst geworden ist; weil man sich selbst oder sein Selbst entdeckt hat. Diese Neugeburt ist sicherlich mit mystischen Erfahrungen und mit einer selbstlosen und menschenliebenden Aktivität untrennbar verbunden.

3. Josef wird verkauft und den Heiden ausgeliefert	4. Der Herr ist mit Josef in Ägypten	5. Josef, der Treue und Bewährte
2. Der Erwählte wird verworfen	9. Die Versöhnung	6. Der Erniedrigte wird erhöht
1. Der Geliebte und Erwählte	8. Die Zusammen- führung der Brüder	7. Josef, der Retter seiner Brüder

Der ägyptische Josef
Ein altbiblisches Erlösungsgleichnis

Tod und Überleben

Das biblische Menschenbild beschreibt uns von Anfang an als Gemeinschaftswesen: Wir sind auf andere bezogen. Natürlich kommen wir in erster Linie von Gott her und gehen auf ihn zu. Als Gemeinschaftswesen, Mann und Frau, sind wir das Ebenbild Gottes.

Wie in einem archetypischen Symbolbild (das also für jeden Menschen gilt) sind dann die Schwierigkeiten zwischen Mann und Frau und die vielen Zwistigkeiten unter den Geschwistern auf den – im Sündenfall symbolisierten – Riss zwischen Gott und Mensch zurückgeführt. Fällt in der Paradiesesgeschichte der Mensch von Gott ab, so fällt er in Folge sofort über den Bruder her. Der Brudermord Kains markiert gleichsam die Menschheitsgeschichte.

Diese negative Startbedingung menschlichen Handelns wird sehr weise in den immer wieder konfliktvollen und scheiternden Geschwisterbeziehungen weitererzählt: nach Kain und Abel folgen Isaak und Ismael, Sara und Hagar, Jakob und Esau – und schließlich Josef und seine Brüder.

Sind diese Erzählungen (ähnlich, wie die griechischen Tragödien) erzählte „Erbsündenlehre"? … Dann erleben wir aber in der Josefsgeschichte einen Umschlag vom unerlösten zum *erlösten* Dasein. Die weitergegebenen (sozial vererbten) Gemeinschaftsbedingungen werden durch eine unerwartete und von Gott kommende Gegenbewegung aufgehoben.

Die wunderbare Erzählung des so genannten „ägyptischen Josef" ist heutzutage zwar nicht ganz aus dem Bewusstsein verschwunden. Sie wird allerdings eher als eine Kindergeschichte gewertet, die man bestenfalls noch Kindern in der Schule erzählt.

Wenn man aber bedenkt, dass es in diesem Erzählzyklus vom Anfang bis zum Ende um das Thema „Tod und Überleben" geht, dann müsste man auf diese Geschichte hin hellhöriger werden. Es geht um das Überleben ganzer Völker – der Ägypter genauso wie ihrer Nachbarvölker. Es geht um das Überleben des Josef, um das Überleben seiner Mitgefangenen, um die Tötungsabsichten seiner Brüder, um seine Todesängste und um die Trauer des alten Vaters Jakob über seinen Sohn, über seine Söhne.

Weiters ist beachtenswert, dass hier Tod und Überleben nicht nur von außen kommende Schicksalsschläge sind, sondern auch Menschen Anteil an diesen elementaren Ereignissen haben – Anteil mit Schuld oder Gnade. Und dies alles wird mit den Gefühlen erzählt, die in den Herzen der Beteiligten ablaufen.

Der gesamte Verlauf der Josefserzählung ist von ihrem Ende her angelegt: Allem Volk, ja allen Völkern steht der sichere Untergang bevor. Gott jedoch will nicht den Tod des Menschen, auch nicht den Tod der Sünder. Dieses Ziel will schon von den ersten Szenen und Vorkommnissen an im Auge behalten sein.

Die alttestamentliche Bibelwissenschaft ist seit geraumer Zeit der begründeten Überzeugung, dass die Josefsgeschichte nicht (wie ihr jetziger Platz in der Bibel vermuten lässt) aus der Frühzeit Israels stammt, sondern aus der Spätzeit. Sie wurde erst nach dem Ende des Exils als literarische (und damit „erfundene") Erzählung konzipiert. Zwar ist sie aus verschiedenen Traditionssträngen zusammengesetzt (was auf ihre weite Verbreitung schließen lässt), sie präsentiert sich uns jedoch als ein sehr kunstvoll entwickeltes Gebilde.

Wenn man sie etwa um das Jahr 450 v. Chr. ansetzen darf, dann lebt sie von der hohen Erzähl- und Märchenkunst des späten Ägyptens – genauso wie von der hellenischen Tradition. Wichtig ist jedoch – theologisch gesehen –, dass Israel mit dieser Geschichte wie in einem Brennpunkt viele seiner Erfahrungen als Volk Jahwes zusammenfasst. Das Schicksal der Väter, die Not und die Errettung aus dem Exil, die Zerstörung Israels samt der folgenden Babylonischen Gefangenschaft stehen als Erfahrungen hinter dieser Josefgeschichte. Sie gibt dann den verschiedenen Verläufen des Lebens Israels wie auch der Einzelpersonen einen tieferen und zusammenfassenden Sinn.

Kann man die Josefgeschichte nicht als ein Erlösungsgleichnis verstehen? Ist diese Zusammenfassung aller Unheilserfahrungen Israels nicht wie eine tiefe theologische Deutung zu verstehen, die in das Herz Gottes, Jahwes, blickt und dies gleichnishaft in den Herzen der handelnden Personen wieder findet?

Die Evangelisten, die von der Passion und der Errettung Jesu erzählen, haben die Josefgeschichte sicher vor

Augen gehabt – dies beweisen viele Anspielungen (z. B. die dreißig Silberlinge). Die Wirksamkeit ist jedoch nicht auf äußere Einzelheiten beschränkt, sondern bezieht sich vor allem auf die Tiefe der Theologie. Zusammen mit manchen Psalmen hat die Josefgeschichte sicher einen Vorentwurf für eine Christologie abgegeben, die nach dem Schema „Erniedrigung und Erhöhung des Erlösers" gebildet ist.

Dies können wir mit einem Blick feststellen und würdigen, wenn wir folgende Texte lesen. Von Josef singt der Psalm 105,16–22:

> *Dann aber rief er den Hunger ins Land,*
> *entzog ihnen allen Vorrat an Brot.*
> *Doch hatte er ihnen einen Mann vorausgesandt:*
> *Josef wurde als Sklave verkauft.*
> *Man spannte seine Füße in Fesseln*
> *und zwängte seinen Hals ins Eisen*
> *bis zu der Zeit,*
> *als sein Wort sich erfüllte*
> *und der Spruch des Herrn ihm recht gab.*
> *Da sandte der König einen Boten und ließ ihn frei,*
> *der Herrscher der Völker ließ ihn heraus.*
> *Er bestellte ihn zum Herrn über sein Haus,*
> *zum Gebieter über seinen ganzen Besitz.*
>
> *Er sollte die Fürsten lenken nach seinem Sinn*
> *und die Ältesten Weisheit lehren.*

Von Jesus wird im Philipperbrief (2,6–11) gesungen, was Jesus schon andeutet, wenn er sagt, dass der erhöht wird, der sich selber erniedrigt hat. Damit ist nicht eine Demütigung gemeint, sondern der Ort, an den der Mensch als Geschöpf sich zu stellen hat.

> *Er war Gott gleich,*
> *hielt aber nicht daran fest, wie Gott zu sein,*
> *sondern er entäußerte sich und wurde wie ein Sklave*
> *und den Menschen gleich.*
> *Sein Leben war das eines Menschen;*
> *er erniedrigte sich und war gehorsam bis zum Tod,*
> *bis zum Tod am Kreuz.*
> *Darum hat ihn Gott über alle erhöht*
> *und ihm den Namen verliehen,*
> *der größer ist als alle Namen,*
> *damit alle im Himmel, auf der Erde und*
> *unter der Erde ihre Knie beugen vor dem Namen Jesu*
> *und jeder Mund bekennt: „Jesus Christus ist der Herr"*
> *– zur Ehre Gottes, des Vaters.*

Josef und seine Brüder

1. Der Geliebte und Erwählte (Gen 37,1–17)

Die Josefsgeschichte hat kosmische Dimensionen von Heil und Unheil. Man kann sie mit der Sintflutgeschichte vergleichen: Dort bedroht das Wasser, hier der Hunger und die Wüste das Überleben der Menschheit. In beiden Erzählungen wird das Unheil durch die Schuld der

Menschen heraufbeschworen, von Gottes Huld aber überwunden und vergeben.

Der Erzähler weiß, was seine Zuhörer noch nicht wissen: Eine Hungerkatastrophe wird über die Völker kommen und ihren Untergang heraufbeschwören. Gott aber will nicht den Tod seiner Geschöpfe und hat deren Rettung bereits im Auge. Beides beginnt sich nun, schicksalhaft durchwoben, zu entwickeln. Die Erzählung spielt gleichsam auf zwei „Bühnenebenen": als Geschichte zwischen Gott und den Menschen und (als deren Spiegelung) als Geschichte unter den Menschen. Als solche beginnt sie: Israel-Jakob *„liebte Josef unter allen seinen Brüdern am meisten".* Josef ist der Lieblingssohn Jakobs, geboren von seiner früh verstorbenen geliebten Frau Rahel. Jemanden lieben heißt biblisch auch, ihn bevorzugen, erwählen. Als von Jahwe-Gott Bevorzugter und Erwählter beginnt Josefs Geschichte. Denn Jahwe hat ihn ausersehen, der Retter und Erlöser aus dem kommenden und nur von ihm vorausgewussten Unheil zu sein.

Die Josefserzählung stammt aus der spätisraelitischen Weisheitskultur – und folglich ergehen die Offenbarungen durch Träume an die Auserwählten: Alle Garben werden sich vor Josefs Garbe neigen; Sonne, Mond und Sterne sich vor ihm niederbeugen. Kein Wunder, dass Josefs Brüder dies nur als Bevorzugung und Hochmut ansehen wollen. Der Neid gegenüber dem Auserwählten ist im Volk seit Kain und seit den Verfolgungen der Juden durch die Heidenvölker bekannt genug: *„Seine Brüder hassten ihn und konnten mit ihm kein gutes Wort mehr reden."*

Muss der von Gott Erwählte immer wieder aus Neid gehasst werden? Er hatte einen Traum, da hassten sie ihn

52

noch mehr: *„Willst du etwa König über uns werden oder dich als Herr über uns aufspielen? Und sie hassten ihn noch mehr wegen seiner Träume und seiner Worte."*

2. Der Erwählte wird verworfen
(Gen 37,18–27)

„Seine Brüder waren eifersüchtig." Und als der Vater seinen Lieblingssohn noch dazu als Aufseher zu den Brüdern sendet, beginnt das Unheil seinen Lauf: *„Seine Brüder sahen ihn von weitem ... Sie fassten den Plan, ihn umzubringen ... Jetzt aber auf, erschlagen wir ihn und werfen wir ihn in eine Zisterne ... Dann werden wir ja sehen, was aus seinen Träumen wird ..."* Die Ermordung des Bruders wird beschlossen. Der Tod und der Mord treten als abgrundtiefes Motiv in die Erzählung ein.

Ruben will ihn aus ihrer Hand retten: *„Begehen wir doch keinen Mord! Vergießt kein Blut! Werfen wir ihn da in die Zisterne!"* Ob Daniel in der Löwengrube, ob Jona im Bauch des Fischungeheuers – der Tod soll vom Betroffenen als Sturz in den Abgrund *erlebt* werden (wie die Folterungen und die Kreuzigung es ebenfalls bewirken).

3. Josef wird verkauft und den Heiden ausgeliefert
(Gen 37,28–36)

Juda will seinen Bruder zwar vor dem Tod, nicht aber vor der Verwerfung retten: *„Kommt, wir verkaufen ihn den Ismaelitern ... Wir wollen aber nicht Hand an ihn legen,* *denn er ist immerhin unser Bruder ... Sie verkauften ihn für zwanzig Silberlinge ... "*

Die Verzweiflung und die Trauer über den scheinbar Ermordeten treten wie ein mitvollzogenes Sterben in die Familie ein. *„Ruben zerriss seine Kleider ... Sie tauchten das Gewand (Josefs) in das Blut eines Ziegenbockes ... "* Die Todestrauer überfällt den alten Vater Jakob: *„Jakob zerriss seine Kleider ... Er trauerte um seinen Sohn viele Tage: Zerrissen ist Josef ... Ich will trauernd zu meinem Sohn in die Unterwelt hinabsteigen ... "*

4. Der Herr ist mit Josef in Ägypten (Gen 39,1–6)

Nach der schrecklichen Verwerfung als Menschentat tritt nun Gottes Wirken in die Geschichte ein: *„Der Herr war mit Josef und so glückte ihm alles ... Potifar sah, dass der Herr mit Josef war und alles, was er unternahm, unter seinen Händen gelingen ließ. "*

Hier ist von keinem Erwählungsneid die Rede: *„Potifar bestellte ihn zum Verwalter seines Hauses und vertraute ihm alles an, was er besaß ... Es segnete der Herr das Haus des Ägypters um Josef willen ... Der Segen des Herrn ruhte auf allem, was ihm gehörte ... "*

Gegen die Unheilsgeschichte setzt die Heilsgeschichte ein, doch so, dass sie von Menschen wahrgenommen und in weiteren Taten umgesetzt wird: Gottes Wirken im Wirken der Menschen – das verrät ein sehr aufgeklärtes und wenig mythisches Menschenbild!

5. Josef, der Treue und Bewährte
(Gen 39,7–23; 40,1–19)

Hell hebt sich die Gesinnung Josefs von der seiner Brüder ab. Er wird als ein Gerechter, ein Treuer und Bewährter geschildert. Für die Juden war dies seit Jahrtausenden ein wichtiges Thema: Kann man auch in der Fremde, auch unter nicht an Jahwe Glaubenden ein gläubiger Jude und treuer Anhänger Jahwes sein? (Diese Frage der Diasporajuden aller Zeiten brachte auch das riesige Lebenswerk Thomas Manns hervor: den Roman „Josef und seine Brüder", an dem er Jahrzehnte geschrieben hat.)

„Josef war schön von Gestalt und Aussehen ... Nach einiger Zeit warf die Frau seines Herrn einen Blick auf Josef ... Josef weigerte sich ... Mein Herr hat mir alles anvertraut ... Wie könnte ich da ein so großes Unrecht begehen und gegen Gott sündigen ..." Josef setzt eher sein Leben aufs Spiel, als dass er Gott untreu würde: *„Josef ließ sein Gewand in ihrer Hand und lief hinaus ... Sein Kleid ließ sie bei sich liegen, bis sein Herr heim kam ... Potifar packte der Zorn und er ließ Josef ergreifen und in den Kerker bringen ..."* – Den Gerechten überfällt die Ungerechtigkeit, der Treue wird fälschlich angeklagt.

„Aber der Herr war mit Josef auch im Gefängnis ... Der Gefängnisleiter vertraute Josef alle Gefangenen im Gefängnis an ... Der Gefängnisleiter brauchte sich um nichts zu sorgen, was Josef in seine Hand nahm, denn der Herr war mit ihm ... Was er auch unternahm, der Herr ließ es ihm gelingen." In der großen Erniedrigung, die Josef im Gefängnis erfährt, beginnt sein Heilswirken: *„Josef sah den Gefangenen an, dass sie missmutig waren. ‚Warum seht ihr heute so böse*

oder traurig drein?'" Denen, die unglücklich sind, kann er als Heilsbringer und Helfer zur Seite stehen. Wieder werden Träume als die Sinnstifter des Lebens erkannt: Indem der Traum als ein Wort von Gott her verstanden wird, liefert er die Sinngebung des Lebens. Sie sind bei aller Deutekunst ein offenbarendes Wort Jahwes selbst. *„Ist nicht das Träumedeuten Sache Gottes?"* – Und gleich darauf sagt aber Josef: *„Erzählt mir doch!"*

Sinnträchtig sind auch die Traummotive: Es geht um Brot (beim Hofbäcker) und um Wein (beim Mundschenken); um Leben (der Amnestierte) und um Tod (der Verurteilte). Es ist, als spiegelte sich in dem Schicksal dieser beiden Höflinge symbolisch die Spannweite des Menschenlebens mit seinen Eckpunkten: *„Drei Tage darauf hatte der Pharao Geburtstag ... Alles geschah, wie Josef es ihnen gedeutet hatte ..."*

6. Der Erniedrigte wird erhöht
   (Gen 40,20–23; 41,1–57)

Nun rückt der Pharao in das Blickfeld der Geschichte – der Unheilsgeschichte. Denn dieses kommende Unheil wird ihm von Gott in Träumen angekündigt.

Wir können hier vom heutigen Standpunkt aus auch formulieren: Das Unheil beginnt in der Psyche des Menschen, für die nicht so leicht ein Therapeut zu finden ist. *„Kein Wahrsager und Weiser Ägyptens konnte den Traum des Pharao deuten."* Deutlich sind hier die Grenzen der Traumdeutung genannt. Geht es doch um eine spirituelle, eine von Gott her kommende Therapie, von der der

Mundschenk und Bäcker jedoch ein Erfahrungszeugnis ablegen können: *„Da hatten wir in derselben Nacht einen Traum, der für jeden eine besondere Bedeutung haben sollte … Dort war mit uns zusammen ein junger Hebräer, ein Sklave … Er legte uns die Träume aus … wie er es uns gedeutet hatte, so geschah es …"*

Der Pharao geht auf Gottes Heilsabsichten ein und lässt Josef rufen. *„Josef antwortete dem Pharao: ‚Nicht ich, sondern Gott wird zum Wohl des Pharao eine Antwort geben' … Gott sagt dem Pharao an, was er vorhat … Finden wir einen Mann wie diesen hier, einen, in dem der Geist Gottes wohnt. Nachdem dich Gott all das hat wissen lassen, gibt es niemanden, der so klug und weise wäre wie du … Du sollst über meinem Haus stehen und deinem Wort soll sich mein ganzes Volk beugen … Nur um den Thron will ich höher sein als du … Hiermit stelle ich dich über ganz Ägypten."*

Josef bekommt als Zeichen seiner Würde als Stellvertreter den Siegelring des Pharao, Byssusgewänder und eine goldene Amtskette: *„Ich bin der Pharao, aber ohne dich soll niemand seine Hand oder seinen Fuß regen … So wurde Josef Herr über ganz Ägypten … Josef war dreißig Jahre alt."*

Die Verkünder des Neuen Testamentes waren in der alten Bibel zu Hause – es ist undenkbar, dass diese Worte der Genesis nicht das Nachdenken über Jesus beeinflusst hätten. Man setze statt „Pharao" nur das Wort „Gott" ein und vergleiche: Gott hat seine Kraft und Stärke an Christus *„erwiesen, den er von den Toten auferweckt und im Himmel auf den Platz zu seiner Rechten erhoben hat. Hoch über allen Fürsten und Gewalten, Mächten und Herrschaften … Alles hat er ihm zu Füßen gelegt"* (Eph 1,20–22).

7. Josef, der Retter seiner Brüder
(Gen 42,1–38; 43,1–34)

Die Josefsgeschichte ist wie in konzentrischen Kreisen angelegt: Der äußere Kreis zeigt Zustände, die in einer kinderreichen Familie vorkommen können: Vorliebe der Eltern, Bevorzugung eines Kindes, Geschwisterneid und -hass. Die Verlegung des großen Erlösungsthemas in ein Familienmilieu macht es so auch jüngeren Kindern heute zugänglich. Die Geschichte dürfte nie aufhören, zum Bildungsgut unserer Kinder zu gehören.

Ein engerer Kreis weiß von der Bedrohung der Völker durch Hungersnot und Hungertod und von der Heilsabsicht Gottes zu erzählen. Diese wird (durchaus literarisch stilisiert) durch das Medium der Träume ins Bewusstsein gehoben und durch die Handlungen der Menschen auf sehr profaner Ebene ausgeführt.

Dies alles kann als Metapher für die elementare Bedrohung des Menschen gesehen werden, die dort entsteht, wo sein Gottesverständnis in Brüche geht, also die Sünde überhand nimmt – durch die Verwerfung des Erwählten und die Ignoranz gegenüber der Gottesoffenbarung in den Träumen. Dies alles scheint aber nur angelegt, um zum Herzstück zu gelangen – nämlich zu der Antwort, wie Gott den Menschen aus seinen Sünden, aus seiner Gottesferne erlösen will.

Hier wird plötzlich Josef zur Hauptfigur, zum Erlöser: Er hört auf die Traumbotschaften und Weisungen seines Gottes. Da er ihm als Gerechter in der Versuchung die Treue gehalten hat, wird sein Herz zum Ort der Gefühle und der Gesinnung, die Gott auch zu den sündigen Menschen hat. In der Gestalt des Josef hat sich alles verdichtet, was Israel in den langen Jahrhunderten seiner Gotteserfahrung von Jahwe erhofft und erwartet hat.

Weil die Erzählung zu den jüngsten Geschichten der Bibel des ersten Bundes zählt, ist sie wie eine theologische Nahtstelle, wie eine Gussform, in die hinein sich die Christuserfahrung des Neuen Bundes gießt.

Josef verwirklicht auf menschlicher Ebene, was Gottes Gesinnung ist. Die Alten sagen gleichsam: „Würde Gott Mensch werden, wäre er wie Josef."

Die Träume, die Josef geträumt hat, beginnen sich zu verwirklichen: *„Der Hunger wurde immer drückender in Ägypten ... Auch alle Welt kam nach Ägypten, um Getreide zu kaufen, denn der Hunger nahm immer mehr zu auf der ganzen Erde ... So schickte Jakob auch seine Söhne nach Ägypten ... So kamen Josefs Brüder und warfen sich mit dem Gesicht zur Erde vor Josef nieder."* Wie wird Josef reagieren? *„Als Josef seine Brüder sah, erkannte er sie ... Josef erinnerte sich an das, was er von ihnen geträumt hatte ... Er fuhr sie barsch an ... (Sie:) ‚Ehrliche Leute sind wir' ... Er aber entgegnete: ‚Nichts da, ihr seid nur gekommen, um nachzusehen, wo das Land eine schwache Stelle hat.'"*

Fällt es Josef schwer, seine Brüdern ohne Rache- und Hassgefühle aufzunehmen? Oder geht es ihm darum, dass sie endlich ihre Absicht und Tat von einst erkennen und eingestehen? *„‚Wir, deine Knechte waren zwölf Brüder, ein und desselben Mannes in Kanaan: Der Jüngste ist bei unserem Vater geblieben und einer ist nicht mehr ...' (Josef:) ‚Ihr werdet in Haft genommen, so wird man euer Gerede überprüfen, um feststellen zu können, ob ihr die Wahrheit gesagt habt oder nicht.'"* Um welche Wahrheit geht es hier?

Es scheint, dass wieder auf zwei Ebenen gleichzeitig gehandelt wird: In der Gegenwart geht es um die politische Ehrlichkeit – in der Tiefe um die Wahheit „von einst", um das schändliche Verhalten der Brüder gegenüber Josef. Will Josef diese Wahrheit an den Tag bringen?

Josef rächt sich nicht. Er verlangt keine Sühne oder Wiedergutmachung. Er nimmt nicht einmal das Geld an, das sie für das Getreide ausgeben. Will er, dass sie wieder zu ihm zurückkehren? Inszeniert er die Verfolgung wie eine Rückführaktion? Erst als seine Brüder den Simeon zur Bürgschaft im Kerker lassen müssen, um den Benjamin zu holen, bringt dieser Rollenwechsel ihnen ins Bewusstsein, was sie „damals" ihrem Bruder angetan haben.

Liegt die Erlösung in diesem Eingeständnis der Schuld, damit die alte Gemeinschaft wieder hergestellt werden kann? *„Ach ja, wir sind an unserem Bruder schuldig geworden. Wir haben zugesehen, wie er sich um sein Leben ängstigte, als er uns um Erbarmen anflehte, haben wir nicht auf ihn gehört … Darum ist nun diese Bedrängnis über uns gekommen … Versündigt euch nicht an dem Kind … Nun wird für sein Blut Rechenschaft von uns gefordert … Josef verstand, was sie sagten … Er wandte sich von ihnen ab und weinte …"*

Als der alte Vater Jakob erfährt, was von seinen Söhnen verlangt wird, bricht er in Trauer aus: *„Um meine Kinder bringt er mich: Josef ist nicht mehr, Simeon ist nicht mehr und Benjamin wollt ihr mir auch noch nehmen. Nichts bleibt mir erspart!"*

8. Die Zusammenführung der Brüder
   (Gen 44,1–34)

Die Joseferzählung der Bibel weist manche Dubletten auf, die auf verschiedene Traditionen schließen lassen. In dem kunstvollen Gewebe der heutigen Fassung geht es lange darum, dass die Brüder ihre Schuld einsehen und auch eingestehen. Sie werden dazu gebracht, weil sie des angeblichen Diebstahls überführt werden – des in den Säcken gefundenen Kaufpreises wie auch des Silberbechers Josefs.

Auf der tieferen Ebene reifen das Eingeständnis der Schuld und die Reue – und mit ihr die Fähigkeit zu Beziehung – heran: *„Die Männer fürchteten sich, weil man sie in Josefs Haus führte und sagten: ‚Wir wissen nicht wer das Geld in unsere Säcke gelegt hat‘ ... Der Hausverwalter sagte: ‚Ihr könnt beruhigt sein, fürchtet euch nicht! Euer Gott, der Gott eures Vaters, hat euch heimlich ein Geschenk in eure Säcke gelegt‘ ... Dann verneigten sie sich und warfen sich vor Josef nieder ...“* Es beginnt sich eine eigenartige Umwertung anzubahnen: Was sie als Schuld ansehen, wird als ein Gnadengeschenk Gottes gedeutet. *„Nicht ihr habt mich hierher geschickt, sondern Gott“* (45,8).

Über alle Schuld hinaus wird jedoch das Gefühl des Herzens, die innerste Liebe Josefs offenkundig: *„Als Josef hinsah und seinen Bruder Benjamin, den Sohn seiner Mutter erblickte, fragte er: Ist das euer jüngster Bruder? ... Dann ging Josef schnell weg, denn er konnte sich vor Rührung über seinen Bruder nicht mehr halten ... Er war dem Weinen nahe ... Er zog sich in die Kammer zurück, sich dort auszuweinen ...“*

9. Die Versöhnung
(Gen 45,1–48,22; 50,1–26)

Das Modell, mit dem in der Josefgeschichte über Erlösung gedacht wird, ist nicht das von Vergehen und Strafe, von Gericht und Freispruch, von Ungehorsam gegenüber einem Herrn und dessen Gnadenerlass. Es ist vielmehr das Modell von Familie und Gemeinschaft.

Die Familiengemeinschaft der Brüder hat ja nie aufgehört. Tiefer als alles Schuldigwerden ist diese Zusammengehörigkeit. Es ist, als wolle Josef sagen: Die Hauptsache ist, dass ihr wieder bei mir seid – und ich bei euch bin. Diese Haltung äußert sich in den Freudentränen, die bei jeder Begegnung zu fließen beginnen. *„Josef vermochte sich vor all diesen Leuten, die vor ihm standen, nicht zu halten … So stand niemand bei Josef, als er sich seinen Brüdern zu erkennen gab … Er begann laut zu weinen, dass es die Ägypter hörten, seine Brüder waren zu keiner Antwort fähig. Sie standen fassungslos vor ihm. ‚Kommt noch näher zu mir her. Ich bin Josef euer Bruder, den ihr nach Ägypten verkauft habt‘ … "*

Josef als ein Mann nach dem Herzen Gottes vermag hinter aller Schuld seiner Brüder die Absichten Gottes zu erkennen, der auch auf krummen Zeilen gerade schreibt. Er nimmt von den Schuldigen die Beschämung, indem er ihnen den Blick für das immer schon vorgesehene Heilshandeln Gottes öffnet: *„Jetzt aber lasst es euch nicht mehr Leid sein und grämt euch nicht, weil ihr mich hierher verkauft habt, denn um Leben zu erhalten, hat mich Gott vor euch hergeschickt, um viele von euch eine große Rettungstat erleben zu lassen … Also, nicht ihr habt mich hierher geschickt, sondern Gott!"*

Man lege diese Worte dem auferstandenen Christus in den Mund, die er zu denen spräche, die ihn ans Kreuz gebracht haben! Wie groß wird hier von Gott gedacht, wie überwältigend die Kraft der Liebe im Herzen eines Bruders geschildert!

Wie in einem Nachtrag wird die Angst der Brüder vor Josefs Strafe bei ihrer Rückkehr nach dem Tod des Vaters Jakob aufgegriffen: *„Wenn sich Josef nur nicht feindselig gegen uns stellt und uns alles Böse vergilt, was wir ihm angetan haben!' ... Sie sagten zu Josef: ,Nun also vergib doch die Untat der Knechte des Gottes dieses Vaters!'... Als man ihm diese Worte überbrachte, musste Josef weinen ... Josef aber antwortete ihnen: ,Fürchtet euch nicht! Stehe ich denn an Gottes Stelle? Ihr habt Böses gegen mich geplant, Gott aber hat es umgeplant zum Guten.'"*

Erlösung wird hier nicht als Wiederherstellung alter Ordnung – als Wiedergutmachung im Sinn von Sühne und Strafe –, sondern eindeutig als eine schöpferische Umwandlung des Bösen in das Gute gesehen. So wie der Schöpfer auch der Erlöser wird, so bleibt der Erlöser auch der Schöpfer über alle menschlichen Vorstellungen hinaus. Es eröffnen sich hier Perspektiven, die Hölle, Gericht und Teufel wie Schnee an der Sonne zerschmelzen lassen. Wird der Richter zu denen an seiner linken Seite nicht auch einmal sagen: „Ihr habt mir zwar in den geringsten meiner Brüder nichts Gutes, sondern Böses getan, doch Gott hat es umgeplant zum Guten?"

Wir werden sehen, dass Jesus – im Unterschied zu Paulus (der seine Erlösungslehre in Bildern von Gericht und Amnestie entwickelt) – viel mehr in der Vorstellungswelt von Familie, Zusammengehörigkeit und Vergebung spricht.

Von patriarchalen zu mütterlichen Erlösungsvorstellungen

Sigmund Freud und Mose

Als der Vater von Sigmund Freud beerdigt wird, sitzt der Begründer der Psychoanalyse beim Friseur und lässt sich – wie jeden Tag – rasieren. Er hat das Begräbnis des Vaters vergessen, der als ostgalizischer Jude irgendwann einmal in Wien gelandet war. Dort gebar ihm die dritte seiner vielen Frauen den Sohn Sigmund und bereitete ihm ziemliche Scherereien. Nicht nur ihr Mann liebte sie, sondern auch dessen älteste Söhne aus erster Ehe. Es bedurfte eines zornigen Machtwortes des Alten bzw. der Verbannung der beiden Konkurrenten nach England, um die Ordnung wieder herzustellen. Der kleine Sigmund erfuhr jene Situation, die in der Psychoanalyse dann als „Urhorde" (das chaotische Ausgangsbild einer jeden Familie) beschrieben werden soll.

Die Beerdigung des Vaters hat Sigmund Freud also vergessen. In späteren Jahren pilgert er wieder und wieder nach Rom vor das Mose-Standbild des Michelangelo. Er verfasst ganze Abhandlungen über die rechte Hand des Mose, die an den Bart greift: Streckt sie sich ihm versöhnend oder zum vernichtenden Donnerschlag erhoben entgegen?

Im Bild des Mose begegnet Freud seinem Vater und seiner jüdischen, mosaischen Tradition. Das Rätsel, wie wohl dieser Mose zu ihm stehe, löst Freud in seinem letzten Werk „Der Mann Mose". Dort spaltet er – wissenschaftlich absurd, biographisch aber plausibel – den biblischen Mose in aus zwei Überlieferungssträngen resultierende Typen: hier der Jude Mose, der Sinai-Mose, der dem verurteilenden, verdammenden Jahwe-Gott zugehört – dort ein Mose, der als Ägypter am Hof der Pharaonen aufgewachsen ist und die Religion des Sonnengottes Amnon (nach Ansicht Freuds die Religion der Vernunft) repräsentiert. So gelingt Sigmund Freud ein Zweifaches: Einerseits kann er eine gewisse Art von Religion als Kollektivneurose abtun, andererseits die Möglichkeit aufrechterhalten, dass es eine religiöse Tradition über die Konfessionen und Zeiten hinweg gibt.

Sigmund Freud selbst ist also ein Beispiel für die Antwort auf jene Frage, die im Mittelpunkt der folgenden Überlegungen steht: Welchen Einfluss hat die Tiefenpsychologie auf das Gottesbild und auf die Suche nach Erlösung?

Martin Luther und die Rechtfertigungslehre

Martin Luther ist einer der größten und wirksamsten Theologen für alle Kirchen. Er bringt nach dem einengenden Gottesbild des Spätmittelalters durch die Entdeckung der Theologie des Römerbriefes die Rechtfertigung durch Gott wieder zur Geltung. Es ist aber nicht zu verkennen, dass diese Vorstellung von gnädiger Rechtfertigung eines an sich verurteilten Menschen aus einem Vorstellungsmaterial gebildet ist, das in engem Zusammenhang zur Biografie Luthers – das heißt konkret zu seinen Ängsten vor einem patriarchalen Gott – steht.

Erik Erikson hat in seinem Buch „Der junge Mann Luther" das Vaterverhältnis Luthers zu seinem Gottesverhältnis in Bezug gebracht. Der Vater, der ihn zum Studium der Rechtswissenschaften bringen und zwingen will, veranlasst Martin, aus einer Trotz- oder Gegenreaktion heraus ins Kloster zu gehen. Unmittelbarer Anlass soll ein Gewittererlebnis mit einem Blitzeinschlag sein, was jedoch biografisch schwer zu belegen ist. Erikson vermutet dahinter bereits einen epileptischen Anfall. Denn eigentümlicherweise hat Luther vor seinem ersten Messopfer einen epileptischen Anfall, der durchaus auch psychosomatisch vor dem Hintergrund seines Vaterkonfliktes zu sehen ist.

Wie Sigmund Freud nach dem Mose sucht, der ihn nicht verurteilt, so sucht Martin Luther nach dem gerechten Gott, von dem er statt einer Verurteilung die Begnadigung erhofft. Diese Botschaft – von der Rechtfertigung des an sich zu verurteilenden Sünders durch den gnädigen Gott – geht dem ringenden Menschen Martin Luther just in dem Moment auf, als er auf dem Abtritt sitzt und allen Ärger, alles „Material" von Wut und Angst, hinausdrückt. Bei diesem „Scheiße!" ist ihm das Licht der Rechtfertigung aufgegangen. Mit dem zornigen Impuls: „So soll und so darf es nicht sein!", kann er sich von einem Gottesbild befreien, das von seinem eigenen Vatererlebnis mitgemalt worden war.

Ganz gelingt es Luther allerdings nicht, die Einflüsse des drohenden Vaterbildes zu eliminieren, denn der Papst bleibt für ihn zeitlebens – als abgespaltenes Vaterbild – der Antichrist, während Luther in seiner Christusfrömmigkeit den Erlöser und so das Heil findet. Luther hat über alles gepredigt, doch nie über das Gleichnis vom barmherzigen Vater – warum wohl?!

So wie Freud den jüdischen Mose ablehnt und zum „ägyptischen" flieht, kann sich Luther von seinem finsteren Gottesbild befreien und zu Christus führen lassen.

Paulus und sein Erlöser

Paulus lebt ganz in der Vorstellungswelt der alten Bibel und formuliert daraus seine Botschaft von der Erlösung.

Man muss sich vor Augen halten, dass das Erste Testament eine Fülle von Vorstellungen und Bildern hat, durch die es das wunderbare Erlösungswirken Jahwes entfaltet. Ein uraltes Bild ist: Jahwe, der Kriegsherr, der stärker ist als all seine Feinde und der sein Volk von ihnen erlöst. So wird Gott als der Besieger des Pharao und (in den Psalmen) als der Retter vor allen persönlichen Feinden gepriesen – dies tut Menschen mit paranoiden Ängsten gut. Jahwe ist weiters der treue Führer seines Volkes durch alle Situationen – vor allem in den archetypischen Bildern des Wüstenzuges: Er ist der gute Hirte seines Volkes – dies tröstet alle, die in depressiven Charakterstrukturen leben. Jahwe ist auch als Gesetzgeber und König der rettende Gott, weil nur die Tora und ihre Befolgung aus den Irrwegen des Lebens herausführen und von aller Seelenverfinsterung erlösen – was den unter Zwängen leidenden Menschen hilft. Gott ist Erlöser als der Liebhaber seines Volkes, der es aus den zerfallenden Strukturen dieser Welt befreit und das Volk wie den Einzelnen schöpferisch zu einer neuen Kreatur macht – der Trost aller unter hysterischen Strukturen leidenden Menschen.

Paulus lebt – was sowohl seine Not wie auch seine Erlösungssehnsucht angeht – eindeutig innerhalb der Vorstellungswelt des strengen Pharisäertums. Er sieht folgerichtig die Erlösung nur darin, dass er – der dauernde Sünder und Versager – durch Gottes Erbarmen von Gottes Zorn erlöst wird. Es ist sein (von Gott geschenkter) Verdienst, dass er die Erlösung im gottgefälligen Leben des gerechten Jesus erkennt. So verkündet er das (unvermeidliche) Gericht Gottes als Amnestie, weil Jesus seinen (von den Menschen verschuldeten) Tod als Sühne für unsere Sünden Gott darbrachte.

Wir werden einerseits die Großtat der paulinischen Theologie würdigen, sie aber auch vor dem Hintergrund ihrer Vorstellungswelt nicht als die einzig mögliche Erlösungsbotschaft sehen. Es ist bedauernswert, dass die gängige Theologie den Unterschied zwischen Botschaft und ihren Vorstellungsbildern zu wenig bedacht und darum andere, ergänzende Erlösungsvorstellungen wenig verkündet hat.

Für Paulus besteht die Not der Unerlöstheit in der Frage, die auch Luther formuliert: „Wie finde ich einen gnädigen Gott, der mich wegen meiner Sünden nicht verurteilt?" Für Paulus wie für Luther ist das Bild – die

Szenerie, in der sie dies alles empfinden – die Szenerie des Gerichtes: Da ist ein Gerichtssaal, ein Richter (Gott), ein Ankläger (bei Hiob ist es „Satan"), ein Schuldiger (der Mensch), ein Gerichtsverfahren. Es folgt ein unerwarteter Freispruch, weil völlig überraschend ein Rechtsanwalt Fürsprache eingelegt und für Freispruch plädiert – er selbst nimmt stellvertretend anstatt des Schuldigen die Strafe auf sich. Es ist nicht zu verkennen, dass hier die Unerlöstheit wie die Erlösung in ein bestimmtes Vorstellungsmaterial gekleidet sind: eben in das des Gerichtes und der Rechtfertigung. „Es ist noch einmal gut ausgegangen!", mag sich der Mensch sagen, aber der unbedingt gerechte Richter bleibt. Er hat nur die Strafe auf einen anderen, auf einen Unschuldigen (!) verlegt.

Anselm von Canterbury hat diese juristische Erlösungslehre innerhalb des feudalen Rechtssystems des Mittelalters weiterentwickelt. Unsere Frömmigkeit ist von ihr noch stark beeinflusst: Da das Gericht aber noch einmal auf mich zukommt, stellt sich die Frage: Wie wird es für mich ausgehen? Wird es ein „dies irae, dies illa", ein „Tag der Rache, Tag des Zornes" sein? Wir sind im verschuldeten Gericht freigesprochen worden, wir sind aber nicht von der Vorstellung der ganzen Bilderwelt des Gerichtes befreit. Die Angst bleibt im Nacken und damit auch ein Gottesbild, das trotz aller Beteuerungen dunkel bleibt. Ein Gott, dem man letztlich doch nicht ganz „über den Weg trauen kann" …?

Wenn man die Verzweiflung des ehemaligen Pharisäers Paulus im siebten Kapitel des Römerbriefes auf sich wirken lässt, dann versteht man, dass die ersehnte Erlösung nicht nur in der Botschaft vom Sühnetod Jesu und in der

Rechtfertigung durch Gott besteht. Sie führt vielmehr auch in der vertrauten Umgangssprache mit dem „Abba-Gott" und in einem neuen Denkmodell über die Erlösung zu ihrem Ziel.

Die Gleichnisse Jesu

Schauen wir uns einmal an, in welchen Bildern Jesus von der Erlösung spricht. Ich greife auf zwei Kernbeispiele seiner Gleichnisse zurück. Sie machen anschaulich, was auch in seinen anderen Gleichnissen zu finden ist: Das Gleichnis vom Hirten und seinem verlorenen Schaf sowie das Gleichnis von der Frau, die ihre kostbare Drachme aus der Heiratsmitgift verloren hat (vgl. Lk 15,3–10). Zusammen mit dem Gleichnis vom barmherzigen Vater des verlorenen Sohnes (vgl. Lk 15,11–32) offenbaren diese Gleichnisse, in welcher Bilderwelt Jesus die Erlösung sieht.

Da ist einmal festzustellen, dass Jesus nicht (wie Luther und Paulus) vom Menschen und seiner Sündennot, sondern von der anderen Seite ausgeht: nämlich von *Gott* im Bild des suchenden Hirten und der suchenden Frau. Die Not wird hier von Gott ausgesagt: *Ihm* ist etwas abhanden gekommen, er vermisst etwas für ihn Wichtiges. Die Gleichnisse blicken gleich am Anfang in das Herz des bekümmerten Gottes. Er ist aber nicht darüber bekümmert, dass die Menschen böse und schuldig sind, sondern darüber, dass sie ihm verloren gegangen sind. Sie sind ihm so wertvoll wie ein geliebtes Schäflein. Der Graben zwischen Gott und den Menschen – eine gültige Beschreibung von „Sünde" – wird als der Schmerz des Liebenden geschildert, dem der Mensch – ob sündig oder nicht – so überaus wertvoll ist, dass sich Gott von sich aus auf die Suche nach ihm macht.

Weiters ist auffällig: Der Hirte-Gott, dem der Mensch so viel bedeutet, beschuldigt den Verlorengegangenen nicht. Er sagt nichts von seiner Schuld, nicht, wie schäbig er ist, nicht: „Das hast du davon!" Es gelingt Jesus, selbst den Sünder von seiner Würde aus zu sehen und ihn nicht zu beschämen. Er spricht ihm bei all seiner Schuldhaftigkeit die Schuld nicht zu: *„Dieser mein Sohn war tot und ist wieder lebendig geworden, war verloren und ist wieder gefunden worden" (Lk 15,32)*. Auf einen solchen Gott fällt kein Rest von bleibendem Misstrauen, keine Kälte und Willkür.

Die Bilderwelt, die Jesus für seine Gleichnisse der Erlösung wählt, sind meist aus dem Familienleben genommen: Da geht es um einen Vater und um sein Haus; um ein Mahl und um ein Dabeisein-Dürfen; um eine Tür, die immer offen steht; um einen Tisch, um den sich Würdige und Unwürdige versammeln dürfen. Da geht es um ein Einladen und immer wieder Einladen, das sich durch die Ablehnung nicht abbringen lässt. Da geht es um ein Auszahlen von Lohn für Taglöhner, die mehr bekommen, als sie verdient hätten, ohne dass die Gerechtigkeit verletzt würde usw.

Die Bilderwelt zu durchsuchen, die Jesus für die Erlösung der Menschen verwendet, ist allein schon eine Spurensuche dieser Erlösung.

Jubelrufe Jesu über das Reich Gottes

1. *Ich preise dich, Vater,*
   Herr des Himmels und der Erde,
   weil du all das den Weisen und Klugen verborgen,
   den Unmündigen aber offenbart hast.
   Ja, Vater, so hat es dir gefallen!   (Lk 10,21)

2. *Ich sah den Satan, der uns verklagt,*
   wie einen Blitz vom Himmel fallen.
   Wenn ich darum die Dämonen
   durch den Finger Gottes austreibe,
   dann ist doch das Reich Gottes
   schon zu euch gekommen   (Lk 10,18)

3. *Freut euch mit mir,*
   denn ich habe mein Schaf wieder gefunden;
   das verloren war!
   Freut euch mit mir,
   ich habe die Drachme wieder,
   die ich verloren hatte!   (Lk 15,6.9)

4. *Jetzt müssen wir uns doch freuen*
   und ein Fest feiern:
   Denn dein Bruder war tot und lebt wieder;
   er war verloren und ist wieder gefunden worden!
           (Lk 15,32)

5. *Können etwa die Hochzeitsgäste fasten*
   während der Bräutigam bei ihnen ist?
   So lange sie den Bräutigam bei sich haben
   können sie nicht fasten.   (Mk 2,19; Lk 5,34)

Die unbedingte Liebe

Wenn man die Gesinnung und das Verhalten um-
schreibt, das Jesus von seinen Jüngern erwartet, dann bekommt man zugleich ein Konterfei, ein Porträt *seiner*
Seele wie auch seines Gottesbildes zu sehen. Denn er ist ja
der erste, der diese Forderungen erfüllt. Er sagt zu den
Jüngern: *„Wenn ihr nur die grüßt, die euch grüßen, und
wenn ihr nur die liebt, die euch lieben – was tut ihr da schon
Besonderes? Tun das nicht auch die Heiden und die Sünder?"*
(Mt 5,46–47) Tun das nicht auch diejenigen, die Gott
nicht kennen oder Gott nicht kennen wollen?

Wir sollen von uns aus anfangen, mit jenen einen
(Gruß-)Kontakt aufzunehmen, die es von sich aus noch
nicht tun. Wir sollen vergeuderisch und schöpferisch jene
lieben, die gar nicht daran denken, uns zu lieben – von
denen wir unter Umständen auch gar nichts an Liebe zu-
rückbekommen. Eine solche Liebe liebt also nicht dort,
wo es sich „auszahlt". Es geht um die *Liebe*, die gar nichts
anderes kann, als zu lieben und sich zu verteilen.

Jesus beruft sich bei dieser Erwartung an seine Jünger
ausgerechnet auf seinen Vater im Himmel: *„Er lässt seine
Sonne aufgehen über Böse und Gute, und er lässt regnen über
Gerechte und Ungerechte" (Mt 5,4).* Gott fragt also auch
nicht, ob einer dieser Liebe wert ist. Seine Liebe ist keine
Belohnung – und einen Liebesentzug als Bestrafung
scheint es bei ihm gar nicht zu geben. Die Sonne aufgehen und den Regen strömen lassen, das sind die
Gaben des Schöpfers, um seine Geschöpfe am Leben zu
erhalten. Ist diese Liebe nicht selbst schöpferisch? Nach

Gut und Böse fragt sie nicht, sondern danach, wer sie *braucht*.

Die Sozialpsychologie spricht von einer bedingten und einer unbedingten Liebe. Wenn jemand die *„Bedingungen"* für die Liebe erfüllt, dann wird dieser geliebt: für seinen Arbeitseifer, für seine Erfolge (mit denen er den Eltern Ehre macht), für seine Schönheit oder ihre Attraktivität. Wir wären blind, wenn wir nicht zugäben, wie sich unsere Liebe (unser Eros, sagt Platon) gerade an der Schönheit entzündet und uns bis zur Liebe der Schönheit Gottes treibt.

Neben der bedingten Liebe gibt es jedoch noch die *unbedingte* Liebe. Diese wird dort geübt, wo jemand nicht geliebt wird, weil er liebenswert ist, sondern weil er diese Liebe *braucht*. Diese Erfahrung macht jeder Säugling mit seiner Mutter. Und viele Mütter sagen auch: Ihre Kinder waren ihnen dann am „liebsten", wenn sie noch am kleinsten oder krank waren.

Verbindet man die bedingte Liebe eher mit den Vätern, so wird die unbedingte Liebe eher den Müttern zugeschrieben. Sie lieben jene, die die Liebe *benötigen*. Augustinus verbindet diese unbedingte Liebe mit der Kreativität Gottes, indem er unnachahmlich prägnant sagt: *„Wir Menschen lieben jemanden, weil er schön ist. Gott liebt uns, damit wir schön werden."*

Diese kreative, unbedingte Liebe Gottes muss sich auch beim Gedanken bewahrheiten, dass Jesus uns durch seinen Tod am Kreuz erlöst hat. Wir greifen wieder auf eine Jüngerrede Jesu zurück: *„Wenn dich jemand auf die rechte Wange schlägt, dann halte ihm auch die linke hin!"* *(Mt 5,39)* Was geht da vor sich, wenn einem dieses möglich ist? Normalerweise wehren wir uns gegen jeden ungerechten Schlag. Wenn uns ein Stoß des bösen Tuns trifft, dann schlagen wir zurück. Wir brauchen nicht erst an die Blutrache denken, um zu erkennen, welche Kettenreaktion das Schlagen und Zurückschlagen auslöst und welche langen Kriege daraus resultieren.

Jesus sagt gleichsam zu seinen Jüngern: Wenn dich ein Schlag des Bösen trifft, dann schlage nicht zurück, dann vergelte nicht Böses mit Bösem – ja, dann sollst du von dem Bösen, das in dem Schlag steckt, nicht angesteckt und vergiftet werden. Du sollst so viel an innerer Freiheit und Gelassenheit im Guten haben, dass du auf den anderen so reagieren kannst, als könnte er nochmals zuschlagen.

Aber es steckt noch ein tieferer Gedanke dahinter: Wie soll die Kettenreaktion von Schlag um Schlag, vom Bösen und seiner Vergeltung aufgefangen werden, wenn sie nicht einmal auf jemanden trifft, bei dem sie sich tot läuft? Wenn dieses Böse wie von einem Schwamm aufgesogen wird – auch um den Preis, dass der Geschlagene den Schlag wohl spürt –, dann ist das Böse unterbrochen und aus der Welt getragen. Vielleicht können wir auf jene Menschen, die wir von Herzen lieben, so reagieren.

Jesus geht aber in den nächsten Sprüchen noch einen Schritt weiter: *„Wenn dir einer den Rock (zu Unrecht) wegprozessieren will, dann schenke ihm freiwillig deinen Mantel* (dieser durfte damals, weil als Decke in den kalten Nächten verwendet, nicht einmal gepfändet werden). *Und wenn dich einer* (vielleicht ein römischer Besatzungssoldat) *eine Meile weit als Arbeits- und Tragkraft zwingt, dann geh freiwillig zwei Meilen mit!"* (Mt 5,40–41)

Was geht in einem Menschen vor, der so etwas zustande bringt? Welche Gesinnung muss dieser im Herzen haben? Er bleibt beim Hinhalten der Wange nicht stehen, bei der Nicht-Reaktion sozusagen. Auch an diesen Menschen geschieht Unrecht und Böses. Sie jedoch reagieren sehr wohl darauf – aber durch eine freiwillige Vermehrung des Guten. Auf den Schlag des Bösen erfolgt ein „Schlag" des Guten. Sie überwinden buchstäblich das Böse durch das Gute, wie Paulus sagt (vgl. Röm 12,21).

Sollte Gott nicht auch so auf die Sünde der Menschen reagieren? Sollte er alles Böse durch Jesus auffangen und so aus der Welt schaffen? Dann würde er auf ein Sühneopfer verzichten. *Sein* „Opfer" wäre der Verzicht auf Strafe und Rache.

Die früheste Jesusbewegung

Die Exegeten sind der Überzeugung, dass die so genannte „Q-Gemeinde" die erste Sammlung der Jesusjünger um den Auferstandenen sei. Wie Paulus in der Selbstoffenbarung des Auferstandenen (Gal 1,15–17) erfahren hat, dass der Gekreuzigte bei Gott lebt, so dürften auch seine ersten Jünger, die nach Galiläa von Jerusalem weg geflohen waren, Jesus den bei Gott Lebenden dadurch erfahren haben, dass er sich ihnen zu sehen gegeben, also geoffenbart hat. Sie haben ihn wohl als den „Menschensohn" erkannt oder interpretiert, denn von dieser zu Gott entrückten und von ihm her wiederkommenden Gestalt hatte Jesus selbst schon gesprochen. Diese Begegnungen waren der gewaltige Impuls, der sie veranlasst hat, seine Sendung fortzusetzen, indem sie auf seine Worte zurückgriffen. Die Sammlung der Jesusworte war jene „Quelle", die heute noch in den Evangelien des Matthäus und Lukas aufbewahrt und rekonstruierbar ist. Auf sie gehen vermutlich auch die Aussendungsworte und Aussendungsregeln zurück, die uns ebenfalls überliefert sind.

Dabei fällt auf, dass weiterhin von der nahen Ankunft der Gottesherrschaft die Rede ist (also vom Verkündigungsthema Jesu) und dass seine Krankenheilungen und Dämonenaustreibungen fortgesetzt werden. Gerade in dieser Dreiheit von Verkündigung, Heilung und Entdämonisierung wird uns jene Vorstellung von Erlösung greifbar, die auch schon die Erlösungsvorstellung des irdischen Jesus war.

Befreiung von dunklen Mächten

Legt man den strengsten historisch-kritischen Maßstab an und fragt, was aus dem Leben Jesu geschichtliches Urgestein ist und nicht nachösterlich übermalt wurde, dann stößt man auf eine bemerkenswerte Tatsache: Jesus verstand sich als „Entdämonisierer" und zog als solcher unentwegt durchs Land. Er sah in der Befreiung der Menschen von dunklen zerstörerischen Mächten seine Hauptaufgabe. Er sah darin einen Auf- oder Beweis für den Anbruch des Gottesreiches – der je jetzt wirksamen Gegenwart Gottes unter den Menschen: *„Wenn ich in der Kraft Gottes Dämonen austreibe, so seht ihr daran, dass das Reich Gottes wirklich zu euch gekommen ist"* (Lk 11,19).

Psychische Realität der Dämonen

Für Jesus ist es selbstverständlich, dass Menschen von Dämonen besetzt sein können, die ihnen die Selbstbestimmung rauben und zu ihrer Selbstentfremdung führen. Diese auch von seinen Zeitgenossen nicht hinterfragte Vorannahme können wir heute nicht mehr teilen.

Was steht sachlich hinter den Dämonisierungen? Wie formulieren wir dies mit den Ausdrücken und Erfahrungen unserer Zeit? Dämonisierte Menschen – also solche, die von fremden Mächten besetzt und bestimmt sind – treffen wir heute noch: Sie sind nicht im vollen Besitz ihrer Freiheit, weil ihre Psyche von Angst, Zwängen und selbstzerrstörerischen Tendenzen „besetzt" ist.

Woher kommen diese „Verwüstungen" der Seele? Versteht man unter „Satan" oder „Teufel" mit Recht eine (Symbol-)Figur, die für die absichtlich böse *Tat* (also für gotteswidriges Handeln) steht, so sind Besessene keine Täter des Bösen, sondern seine Opfer. Ihre Seele ist verwüstet und sie sind ihres Freiheitsvermögens beraubt, weil sie in einem Klima des Bösen aufgewachsen sind und ihnen die „Luft" der liebenden Zuwendung und des aufbauenden Guten gleichsam entzogen war. Man denke nur an Kinder, die in zerstörten Familien heranwachsen: Ihr Unterbewusstes ist voll von schrecklichen Erlebnissen elterlichen Streites, von Traumata versuchter Abtreibung oder des Kindesmissbrauchs. Diese Kinder sind keine bösen Menschen, sondern als Opfer des bösen Tuns anderer „arme Teufel". Wie theologisch treffend drückt dies doch der alltägliche Sprachgebrauch aus! Man braucht nicht auf das Phänomen der multiplen Persönlichkeit zurückzugreifen, um zu ahnen, welche Unheilserinnerungen, Verzweiflungsreaktionen, verinnerlichte Erinnerungen in diesen Kindern „hausen" und ihr Angst beladenes, wiederum zerstörerisches Tun bewirken …

Man darf darum den Dämonen eine innerpsychische Realität zusprechen, nicht aber ein Eigenwesen substantieller Natur. Woher aber kommt die hartnäckige Überzeugung vieler (z. B. der afrikanischen) Kulturen, dass sie doch so etwas wie Eigenwesen wären? Sind sie als abgespaltene Erinnerungen, als abgekapselte Schmerzpunkte, die dem Bewusstsein unerträglich wären, zu verstehen? C. G. Jung kommt mit seiner Beschreibung des „Schattens" sehr nahe an dieses Phänomen heran. Warum hält sich aber die Annahme, Dämonen seien substantielle Eigenwesen, so hartnäckig? Der Hauptgrund dürfte darin liegen, dass sie uns in unseren Träumen wie Eigenwesen Nacht für Nacht begegnen: Schlangen, die uns verfolgen; Mörder, denen wir nicht entrinnen können; reißende Tiere, die uns verschlingen. Hält man sich die grauenhaften Fabelwesen romanischer Fresken und gotischer Dachspeier vor Augen, „sieht" man die Gestalt gewordenen Unholde – sichtbar wirken sie in den Seelen ohnedies.

Die Sendung der Jünger

Für Jesu Gottesverbundenheit ist es selbstverständlich, dass dort, wo Gottes Gegenwart in die Seele einzieht, dieser Spuk vorbei ist. Er beauftragt die Jünger: *„Sagt diesem Hause (Menschen): der Friede, das Heil ist mit euch!"* *(Lk 10,5)* Es verwundert nicht, dass Jesus die Aufforderung an seine Jünger, hinauszugehen und die Gegenwart Gottes zu kündigen, immer mit dem Auftrag verbindet: *„Verkündet das Reich Gottes, legt Kranken die Hände auf und treibt die Dämonen aus!"* *(Lk 19,9; Mk 6,7)* Entdämonisieren heißt also, den Seelen den Frieden bringen. Wo Gott einzieht, dort müssen die „Dämonen" des eigenen unheilen Schicksals ausziehen.

Die christliche Religion ist also nicht nur durch Jesu eigenes Tun – was schon genug wäre – als therapeutische konstituiert und charakterisiert. Ein therapeutisch-heilendes Engagement – im weiten Sinn – ist in den Jüngeraussendungen geradezu allen Christinnen und Christen aufgetragen und zu einem charakteristischen Merkmal der Reich-Gottes-Religion geworden.

Der Zusammenhang zwischen Verkündigung und entdämonisierendem Heilen ist wesentlich. In unser heutiges Weltbild übertragen heißt das: Was entspricht dem damals so beschriebenen Tun heute? Nehmen wir es wahr? Muss an die Stelle alten „Weltbildverfahrens" heute nicht eine angemessene Professionalität treten? Finden wir sie in der Telefonseelsorge, in der Religionspädagogik und/oder in der Familientherapie wieder?

Bei manchen Beschreibungen der Dämonisierten in den Evangelien sieht man noch die dahinter liegenden psychischen Phänomene durchschimmern: Beim wilden Mann von Gerasa (vgl. Mk 5) etwa einen tobsüchtigen, schizoid-paranoiden Menschen; beim Knaben im neunten Kapitel des Markusevangeliums einen Epileptiker; im Verhältnis der syrophönizischen Frau zu ihrer dämonisierten Tochter (vgl. Mk 7,24–30) einen unheilvollen Mutter-Tochter-Konflikt.

Solche Zustände fordern uns heraus, mit den Seelen der Menschen entsprechend dem heutigen Stand in Medizin, Psychotherapie und Pädagogik umzugehen. Wenn wir uns dieser Aufgabe entziehen, ignorieren wir unseren Auftrag zur Reich-Gottes-Verkündigung.

Dabei können wir daran glauben und vertrauen, dass uns Jesus nicht nur eine Sendung aufgetragen hat, sondern dass er auch die Kraft zu ihrer Erfüllung gibt. Ein Beweis dafür sind die von Paulus mehrmals angeführten Charismen der Heilung und des Aufrichtens (vgl. 1 Kor 12,9f). Gott schenkt die entsprechenden Fähigkeiten und lässt den Menschen in der Erfüllung seiner Aufgaben nicht allein.

Jesus beruft sich bei seinem Verhalten eindeutig auf Gott und die Gesinnung seines Herzens. Dessen Herz ist ein *unbedingt* liebendes und darum ein *mütterliches*. Auch diese Züge Gottes waren und sind im Ersten Testament (der Bibel Jesu), wenn auch versteckt, anzutreffen.

Wenn wir in der griechischen und deutschen Bibel-übersetzung von der „Barmherzigkeit" Jahwes reden, so finden sich in diesem Begriff und Bild bereits die Urworte „Herz" und „Erbarmen" beschworen.

Das Hebräische verwendet die Worte „rechem" und „rechamin", wenn es von Gottes Erbarmen redet. „Rechem" heißt wörtlich der „Mutterschoß", das „mütterli-che Organ", seine Pluralform „rechamin" heißt: die „Barmherzigkeit", wörtlich und sinngemäß also die Fülle mütterlicher „Schosse" und Empfindungen Gottes. Rufen wir Gottes Erbarmen an, dann appellieren wir immer schon an seine *unbedingt* liebende Mütterlichkeit.

Ein wunderbarer und wunderlicher Beleg für die Müt-terlichkeit Gottes ist im so genannten Urteil Salomos zu finden (vgl. 1 Kön 3,16–28). Diese Geschichte, die von zwei Huren erzählt, soll die Weisheit Salomos und seiner Urteilsfindung illustrieren. Ich habe diese Geschichte jahrzehntelang nicht gemocht. Sie kam mir, weil sie aus dem Hurenmilieu geschöpft ist, für ein so ungeheures Thema wie die Weisheit zu gering und zu komisch vor. Doch welche Überraschung konnte ich (und auch viele andere) erleben, als sich mir ihr Sinn erschloss!

Zwei Dirnen leben und schlafen zusammen in einer Wohngemeinschaft. Jede hat einen Säugling und eine von ihnen erdrückt ihr Kind in der Nacht zu Tode. Heimlich steht sie auf, schiebt das tote Kind ihrer Kollegin unter und nimmt das Lebende zu sich. Als im Morgenlicht die Tat offenkundig wird, beginnen die Frauen zu streiten. Sie bringen ihren Fall dem König, der ja zugleich der oberste Richter ist, zur Entscheidung vor. Salomo fällt nun ein Kompromissurteil, das auf den ersten Blick vielleicht gerecht erscheinen mag: Man solle ein Schwert bringen und das lebende Kind entzwei hauen, um jeder, die es beansprucht, eine Hälfte des Kindes zu geben.

Salomos stillschweigende Hoffnung geht auf: Die wahre Mutter will und kann den Tod ihres Kindes nicht akzeptieren. Sie verzichtet auf das Kind, damit es lebe. Sie verzichtet damit auch auf ihr Recht, auf das Recht der Mutter – auch darauf, dass ihr Recht und Genugtuung geschehe. Begründet wird dies mit dem prägnanten Satz: *„Da regten sich in ihr die mütterlichen Empfindungen"* (3,25).

Salomos Urteil ist keineswegs risikolos, denn die andere Frau stimmt dem Urteil zu und will kaltherzig das Kind töten lassen, damit scheinbar die Gerechtigkeit ihren Lauf nehme. Doch Salomo setzt auf die Empfindungen einer Mutter – auch auf die Rechtsempfindungen einer Mutter, die auf ihr Recht verzichtet, damit das *Kind lebe!* Der König Salomo (eigentlich die hinter ihm stehende Weisheitstradition der Geschichte) beruft sich auf Gott, denn es heißt ausdrücklich: Und ganz Israel lobt die Weisheit *Gottes* in Salomo, denn *„sie erkannten, dass die Weisheit Gottes in ihm war"* (3,28).

Im Rückgriff auf die Mütterlichkeit findet sich ein Verständnis von Erlösung, das nicht auf die Wiederherstellung der Rechtsverhältnisse pocht: eine Erlösung, die nicht auf patriarchale Weise das verletzte Recht des Herrn einfordert, sondern – da sie eben mütterlich ist – auf das Recht verzichtet, damit der Mensch lebe.

Wenn dieses Denken auch das Denken Jesu von Gott ist (woran ich nicht zweifle), dann ist nicht nur das Reden und Handeln Jesu besser zu verstehen, sondern auch die Vorstellungswelt einer paulinischen Erlösungslehre zu relativieren und zu ergänzen. Immerhin ist Jesus auch der Herr des Paulus, der auch von Jesus, seinem Kyrios, noch lernen kann.

Das könnte Vieles unserer seit Jahrhunderten gängigen Praxis in Verkündigung, Kult und Frömmigkeit heilen und erlösen.

Johanneisch-mütterliche Erlösungsvorstellungen

1. *Wenn jemand nicht von oben geboren wird,*
   kann er das Reich <u>Got</u>tes nicht schauen.
   Wenn jemand
   nicht aus Wasser und Geist geboren wird,
   kann er nicht in das Reich <u>Got</u>tes kommen.

2. *Was aus dem Fleisch geboren <u>ist</u>, das ist Fleisch;*
   was aber aus dem Geist geboren <u>ist</u>, das ist Geist.
   Der Wind weht, woher er kommt und <u>wo</u>hin er geht.
   So ist es mit jedem,
   der aus dem Geist ge<u>bo</u>ren ist.

3. *Was wir wissen, da<u>von</u> reden wir,*
   und was wir gesehen haben, das <u>be</u>zeugen wir:

Gott hat seinen Sohn nicht in <u>die</u> Welt gesandt,
damit er <u>die</u> Welt richte,
sondern damit die Welt durch ihn g<u>e</u>rettet wird.

4. *Gott hat die <u>Welt</u> so geliebt,*
   dass er seinen einzig<u>en</u> Sohn hingab,
   damit jeder, der an ihn glaubt, nicht <u>ver</u>loren geht,
   sondern das ewig<u>e</u> Leben hat.

                    (Joh 3,3.5.6.8.11.16.17)

Erlösung will erfahrbar sein

Die Erlösungsvorstellungen im Neuen Testament

Wer einen Blick für den Reichtum der Erlösungsvorstellungen schon im Ersten Testament bekommt, entdeckt auch die Bilderfülle und mit ihr die Denkmodelle für Erlösung, die der Messias Jesus im Neuen Testament vorstellt.

Ich nenne die wichtigsten Beispiele: Das Markusevangelium sieht Jesus als Erlöser, insofern er die Wirkgegenwart des Reiches Gottes ankündigt und dieses durch seine Heilungen und Dämonenaustreibungen (die Überwindung der Selbstentfremdung des Menschen) praktiziert. Für Lukas ist Jesus der Erlöser, indem er wie ein Arzt und Heiland die Kranken heilt. Er stellt die unbedingte Gottesliebe (im Gleichnis vom guten Vater; vgl. 15,11–32) und die unbedingte Nächstenliebe (im Gleichnis vom barmherzigen Samariter; vgl. 10,25–37) in den Mittelpunkt. Die Erlösungsvorstellung des Lukas hilft den depressiv nach Liebe Hungernden, jene des Markus den von paranoiden Ängsten Befallenen.

Die Rechtfertigungslehre des Paulus ermutigt die Schuldbeladenen und Zwanghaften. Das Johannesevangelium sieht die Erlösung als Neugeburt, zu welcher der Messias Jesus auf dem neuen Wüstenweg führt. Dieser Helfer ist selbst die Hilfe als Brot des Lebens, Wasser aus dem Felsen, wahres Licht, guter Hirte und wahrer Weinstock.

In der Johannesapokalypse gibt der Auszug aus Ägypten mit seinen Plagen – mit Paschalamm, Mose und mit dem Zug durch das Todesmeer – den Rahmen ab, in dem die Theologie der Erlösung entwickelt wird. Eine eigene Vorstellung von Erlösung oder besser *für* die Erlösung liegt dem Hebräerbrief, dem Matthäusevangelium und dem Ersten Petrusbrief zu Grunde.

Angesichts dieser Vielfalt drängen sich mehrere Fragen auf: Wie kommt es überhaupt dazu, dass die Menschen der Bibel so vielerlei *Vorstellungen* von Erlösung entwickelt haben? Gibt es unter Umständen kein einheitliches Schema und konsequenterweise mehrere verbindliche *Lehren* von Erlösung? Relativieren die verschiedenen Vorstellungen einander? An welche soll man sich halten? Wie weiß man, was gerade verstanden werden kann, also zeitgemäß ist?

Vom Reichtum der Erlösung

Dass die Vorstellungen von Erlösung vielfältig sind, lehrt uns schon ein Blick in die Bibel. Schon dem Psalmbeter wird auffallen, dass oft und immer wieder „aus der Tiefe" um Erlösung geschrieen und danach Ausschau gehalten wird.

Hierin dürfte auch der Hauptgrund für die Vielfalt der Erlösungsvorstellungen zu suchen sein. Die Not der

Menschen ist nämlich vielfältig! Wer gerade am Verhungern ist, wird seine Erlösung finden, wenn er gespeist und getränkt wird. Den von wilden Feinden Umlagerten wird die starke Hand Gottes retten müssen. Wer nicht weiß, welchen Weg er gehen und welche Taten er setzen soll, wird Gott um Wegweisung – also um die Tora – als Erlösung bitten. Und wer oft vom rechten Weg abgeirrt ist, der bittet Gott, dass er ihm diese Irrwege und Verfehlungen verzeihe. Er sucht die Erlösung in der Schuldvergebung. Wer hingegen dem Tod verfallen ist und diesen unmittelbar vor Augen sieht, der wird Gott als den Lebensretter, den Erretter aus dem Tod anrufen. Der berühmte Psalm „De profundis" (Ps 130) beginnt: *„Aus der Tiefe rufe ich, Herr, zu dir"* und er endet: *„Denn bei dir ist die Fülle, der Reichtum an Erlösung"*.

Die Fülle der Erlösungsvorstellungen verweist uns also auf die Vielfalt der menschlichen Nöte und Unerlöstheiten. Sie offenbart zugleich den Reichtum göttlichen Erlösungshandelns. Die Vielzahl der Erlösungsvorstellungen ist also menschlich und biblisch legitimiert!

Eine weitere Quelle für den Reichtum biblischer Erlösungsvorstellungen liegt in der Wende von der Not zum Heil und der daraus entspringenden Bilderwelt. Wir beten: *„Lamm Gottes, du nimmst hinweg die Sünden der Welt, erbarme dich unser."* Wir sprechen von unserer Not und bitten um ihre Hinwegnahme. Was wird und soll jedoch *statt* der Sünde geschehen? Wer aus einer Not nach Erlösung schreit, wird ja ein alternatives Bild – eine Vorstellung seines Heilszustandes – entwickeln, das er herbeihofft. Im Fall der „Sünde" erleben wir die von uns verschuldete Abwesenheit Gottes, unsere von uns selbst herbeigeführte Gottesferne. Das „Statt dessen", das wir in der Erlösungsbitte erflehen, ist demnach die wiederhergestellte Gemeinschaft mit Gott. Im Engelsgruß an Maria ist das präzise formuliert: *„Freue dich, Maria, der Herr ist mir dir, du bist voll Huld und Gnade!"*

Die Vorstellungskraft der Hoffnung ist also jener kreative Motor, der immer neue Bilder der Erlösung entwirft und entwickelt. Der Reichtum der Erlösungsvorstellungen entspringt der übermenschlichen Kraft der Hoffnung, die auf Gott setzt. Weil im Ruf nach Erlösung ihre mögliche Gestalt noch nicht voll ausgeschöpft wird und noch nicht endgültig vorstellbar ist, wird sie in der Sprache der Poesie formuliert. Dem Fantasiereichtum ist keine Grenze gesetzt, weil Gott selbst grenzenlos ist. Was anfangs als Mangel erscheinen mag – nämlich das Fehlen einer einzigen Erlösungsvorstellung –, entpuppt sich als Reichtum, der Gottes Werk selbst ist.

Die Erlösungsvorstellungen schöpfen auch aus der Erinnerung der Menschen – daraus also, wann und wo sie Gottes Erlösungshandeln schon erfahren haben: *„Herr, mein Gott, du bist ja meine Zuversicht, meine Hoffnung von Jugend auf"* (Ps 71,5). *„Du hast mich ja schon aus dem Mutterleib gezogen* (Gott als Hebamme)*, von Kindheit auf bist du mein Gott"* (Ps 22,10). *„Du hast uns ja am Schilfmeer gerettet und aus der Hand der Feinde befreit"*, betet Israel immer wieder. Kein Wunder also, dass diese Erlösungserfahrungen auch zu Modellen späterer Erlösungsvorstellungen geworden sind.

Ein weiterer Gesichtspunkt erklärt, warum die Erlösungsvorstellungen ständig in Bewegung geblieben sind: In einer bestimmten Notlage (Krankheit, Krieg, Vereinsamung, Todesnot, Hunger …) erfleht der betende Mensch, dass Gott ihn aus dieser Not heraushole. Erfährt er diese Veränderung, dann erkennt er, dass *Gott* ihn erlöst hat: „Du warst es, der …" Damit rückt dann nicht mehr nur z.B. das gespendete und hungerwendende Manna oder das Wasser aus dem Felsen, das vor dem Verdursten gerettet hat, in das Gesichtsfeld, sondern der Brot und Wasser spendende Gott selbst. „Du bist meine Hilfe" – das kann sowohl übersetzt werden: „*Du* hast mir geholfen", wie auch: „Nicht dies und das ist meine Hilfe, sondern Du, mein Gott, selbst."

Die Hilfe besteht also im Helfer selbst (Eugen Biser). Und in der Tat stößt jeder Hoffende, der schon Erlösung erfahren hat, durch alle Not und Rettung hindurch auf einen Grund, der die menschliche Situation hinter sich lässt und Gott selbst und Gott allein als die „Erlösung in Person" erkennbar macht. So kann Jesus im Johannesevangelium die Erlösungsgaben der Wüstenwanderung vertiefend umformulieren: Der wahre Hirt, das lebensspendende Brot, das wirkliche Licht – das *bin ICH*.

Die Transformation der Erlösungsgaben in Gott und seinen Messias hinein lässt die Erlösungs*vorstellungen* gleichsam hinter sich. Sie geht in das mystische Dunkel ein, das keine Bilder, Begriffe und Vorstellungen mehr kennt, weil es sie nicht mehr braucht. Wie gesagt, dies aber ist das Ende der Erlösungswege. Am Anfang steht immer noch unsere konkrete Not mit der Vorstellung ihrer erhofften Überwindung.

Die Erlösung ist ein Weg, ein Prozess mit verschiedenen Stadien. Dieser schmilzt sozusagen alle Vorstellungen über sie ein und verwandelt sie unentwegt. Eine durchgehende Verwandlung ist von der Suche zum Finden zu beobachten. Martin Luther formuliert: „Wie finde ich einen gnädigen Gott?" Doch Blaise Pascale legt Gott selbst diese Worte in den Mund: „Du würdest mich nicht suchen, wenn *ich* dich nicht schon gefunden hätte." Wenn unser mühsames Suchen, Finden und Anklopfen endlich ans Ziel gekommen ist – wir also in Gott die Erlösung gefunden haben –, erkennen wir: Nicht ich habe diese Suchbewegung begonnen, sondern Gott selbst hat sich auf die Suche nach mir begeben. Auch hier eine erlösende Umwertung, die Paulus so formuliert: *„Wir werden erkennen, wie wir schon von Gott erkannt wurden!"* *(1 Kor 13,12).* Und im Ersten Johannesbrief steht: *„Nicht darin besteht die Liebe, dass wir Gott geliebt haben, sondern dass er uns zuerst geliebt und seinen Sohn für uns hingegeben hat"* *(1 Joh 4,10).*

Gott ist und bleibt der Anfang und das Ende, das Alpha und das Omega aller Erlösung. Diese große Vorstellung von Gott hatte schon die Josefgeschichte, sie ist darum als Vorentwurf neutestamentlicher Erlösungsvorstellungen nicht hoch genug einzuschätzen. Dort heißt es: *„Nicht ihr habt mich nach Ägypten herabgeführt, sondern Gott war es, weil allem Volk eine große Erlösung zuteil werden soll!"* *(Gen 45,8)* Und weiter: *„Ihr habt Böses gegen mich geplant, Gott aber hat es umgeplant zum Guten!"* *(Gen 50,20)*

Selbst unsere Vorstellungen von Erlösung sind in einen ständig uns erlösenden Prozess mit eingebunden. Auch für sie gilt – wie für jegliche Erlösung selbst: *„Man gießt keinen neuen Wein in alte Schläuche und näht keinen neuen Flecken auf ein altes Kleid"* *(Mk 2,21).* Gott als der immer kreative Erlöser kann auch unsere Vorstellungen von Erlösung ständig über den Haufen werfen.

Über den Haufen geworfen kann dann auch unser Reden von Erlösung in Verkündigung und vor allem in der Liturgie werden, die in den stereotypen Orationen und in den Gebeten vor und nach der Wandlung sehr archaischen Opfervorstellungen verpflichtet ist. Wie soll diese Sprache erlösend wirken, wenn sie weder die Not der heutigen Menschen noch die überraschende Kreativität Gottes zur Sprache bringt?

Ein wunderbares Gegenbeispiel liefert Paulus, wenn er uns im Zweiten Brief an die Korinther in einem kurzen Abschnitt ein Zeugnis gibt, wie von Erlösung (von einer konkreten biografischen Not bis zum hymnischen Überschwang der Hoffnung) gesprochen werden kann, wenn man sie erfahren hat.

Paulus: Vom Notruf zum Erlösungshymnus

Eines der schönsten Zeugnisse von erfahrener Erlösung (also davon, dass Erlösung *erfahrbar* ist) gibt Paulus im Zweiten Brief an die Korinther (ich zitiere hier nach der Übersetzung von Friedolin Stier):

> *Gepriesen der Gott und Vater des Herrn Jesus,*
> *des Messias,*
> *der Vater der Barmherzigkeit*

und der Gott aller Ermutigung.
Er ermutigt uns in all unserer Drangsal.

(2 Kor 1,3–4)

Paulus erzählt davon, dass und wie er Erlösung erfahren hat: *„So wollen wir denn, Brüder, euch nicht ohne Kenntnis lassen über die Drangsal, die uns in Asia widerfahren ist."* Nach den hymnischen Versen beginnt hier Paulus einen kleinen Brief (vgl. 1,8–11), der in Prosa schildert, was ihn zum Hymnus auf die Erlösung veranlasst hat. Er erzählt von einer „Widerfahrnis", also einem Schicksalsschlag von außen, der ihn in Kleinasien getroffen hat. Wir erfahren zwar nicht, worum es konkret geht, doch berichtet Paulus später im Brief von mehreren solchen Situationen: Seenot, Schiffsbruch, Räuber, Gefangennahme, Gerichtsverurteilung usw. (vgl. 11,16–33).

Wenn wir auch nicht die äußeren Umstände erfahren, so umso genauer die inneren: *„im Übermaß, über unsere Kraft"* ist ihm Schweres aufgeladen worden. Ungewöhnlich groß von außen (also objektiv) wie auch von innen (also subjektiv) ist dieser Schlag, so arg, *„dass wir sogar am Leben verzweifelten".* Er sieht keine Möglichkeit mehr, zu überleben, und hat sich mit der Situation irgendwie abgefunden: *„Wir hatten jedoch in uns selbst das Todesurteil schon hingenommen."* Er hatte also mit dem Leben schon abgeschlossen. Er hat innerweltlich keine Hoffnung mehr: *„So vertrauten wir nicht auf uns selbst, sondern auf den Gott, der die Toten erweckt."*

Seine Hoffnung richtet sich auf Gottes jenseitiges Wirken. Er hat mit dem Leben in dieser Welt abgeschlossen und kann darum mit aller existentiellen Kraft sein Dasein auf Gott hinüberlagern. In diesem Sprung nach „vorne" liegt schon eine verwandelnde Kraft, die von Gott kommt. *„Und der hat uns herausgerissen aus solcher Todesnot."* Dort, wo Paulus scheinbar ins Bodenlose stürzt, erfährt er das herausreißende Handeln aus der Todesnot, die Erlösungstat Gottes als eine Auferweckung von den Toten.

Diese Erfahrung ist für Paulus eine grundlegende, sie legt den Grund für eine Hoffnung in die Zukunft hinein: *„Und er reißt uns immer noch heraus. Auf ihn haben wir unsere Hoffnung gesetzt, er wird uns auch fürderhin herausreißen."* Die erfahrene Rettung ermöglicht einen Blick auf Gott, der ihn als den „Herausreißer", den Erretter schlechthin erkennen lässt.

Allerdings verknüpft Paulus diese Zuversicht mit einer anderen Erfahrung, mit der erfahrenen Gebetsgemeinschaft mit seinen Gemeinden: *„Er wird uns auch fürderhin herausreißen, wenn auch ihr mit uns zusammenwirkt im Flehen."* Hier nennt der Apostel das eigene Gebet und das Gebet der Mitchristen, das an der Hoffnung und an der Erlösung mitwirkt.

Die tröstende Gebetsgemeinschaft bleibt beim Flehen nicht stehen, sondern dieses soll sich erfüllen: *„damit im Angesicht vieler für die uns gewährte Gnadengabe durch viele Dank gesagt werde um unseretwillen".* Paulus sieht also, dass seine Hoffnung in die Hände vieler gelegt ist: mit dem Ziel, dass sich die Vielen durch die Danksagung auch zu Gott wenden – lobend und preisend wie er. Gott könnte zwar den Einzelnen auch einzeln retten. Er scheint aber die Rettungsgabe in die Hand anderer zu legen, damit sich ein Kreis von Händen schließt. Not und Gebet sind hier untereinander und zu Gott hin als gemeinschaftsbildend erkannt.

Paulus spricht schon im Hymnus davon, dass seine Not und seine Errettung keine Privatsache sind: *„Sind wir in Drangsal, so für euch; zur Ermutigung und Rettung, die sich wirksam erweist im Ausharren in denselben Leiden, die auch wir zu erleiden haben."* Man könnte sich nun für eine „Rettung" bedanken, die in der Ankündigung kommender Leiden besteht. Eine Hoffnung auf Erlösung besteht also nicht in der Aussicht leid*frei* zu werden. Sie zeigt sich darin, Leiden ertragen zu können – sie so ertragen zu können, dass sie „mir und euch" zum Heil und nicht zum Unheil werden.

Diese Umwertung der Leiden von Unheil zum Heil (man denke an die Josefgeschichte) erkennt Paulus daran, dass er sie als „Messiasleiden" sieht: *„Unsere Hoffnung für euch steht fest, da wir wissen, dass ihr Teilhaber der Leiden seid wie auch der Ermutigung. So überströmend die Leiden des Messias auf uns eindringen, so überströmend ist auch unsere Ermutigung durch den Messias."*

Wir können anhand dieses kleinen Paulusbriefes (die Verse 8–11) und des ihm vorausgehenden Hymnus (3–7) Wesentliches über die Erlösung selbst erfahren: Wem Erlösung geschenkt wird, dem werden auch die Augen aufgetan, so dass er erkennen kann, *wer* ihm da geholfen hat. Aus dem stummen Erlebnis wird eine laute Erfahrung: *Gott* war hier am Werk! Diese Hinwendung zum erlösenden Gott ist selbst ein konstitutives Element – denn darum geht es ja, dass der Mensch auf Gott hin ausgerichtet werde. Er kann das Wissen und Danken nicht mehr für sich behalten, sondern muss es in die Öffentlichkeit tragen und den anderen diese Erfahrungen mitteilen. So wird aus dem Geschehnis ein Zeugnis. In den Psalmen heißt es – in ähnlicher Form –immer wieder: *„Ich will dich loben mein Gott. Ich kann nicht mehr schweigen, denn du hast mir geholfen. Und ich will dich loben, indem ich dies meinen Brüdern in der ganzen Gemeinde erzähle"* (vgl. Ps 22,22). Das Loben wird eine Verkündigung und die Verkündigung ist ein Loben, damit diese Erlösungserfahrung auch andere ergreife und Wellen schlage.

Dieser überwältigende Einbruch Gottes in ein Menschenleben überwältigt auch die Sprache. Wenn sie redend und preisend Gottes Tat erzählt, wird aus dem Bekennen (dem Dogma) ein Preisen (gr. „doxazein"). Da jedes Dogma ein Glaubensausspruch ist, trägt dieses Sprechen die Bewegung auf Gott hin hörbar in sich und an sich. Wir hören nochmals den Lobpreis des Paulus:

Lobpreis des Paulus auf die Erlösung

1. *Gepriesen der Gott und Vater unseres Herrn*
   Jesus des Messias,
   der Vater der Barmherzigkeit
   und der Gott aller Ermutigung

2. *Er ermutigt uns in all unserer Drangsal,*
   auf dass wir vermögen euch zu ermutigen
   in aller Drangsal mit der Ermutigung
   mit der wir selber von Gott ermutigt werden.

3. *Denn: So überströmend die Leiden des Messias*
   auf uns eindringen,

so überströmend ist auch unsere Ermutigung
durch den Messias.

4. *Sind wir in Drangsal: so für euch;*
   zur Ermutigung und Rettung.
   Werden wir ermutigt: so für euch
   zur Ermutigung.

5. *Diese erweist sich wirksam*
   im Ausharren
   in den selben Leiden,
   die auch wir zu leiden haben.

6. *Unsere Hoffnung für euch steht fest,*
   da wir wissen,
   dass ihr Teilhaber der Leiden seid,
   wie auch der Ermutigung.   *(2 Kor 1,3–7)*

Vom Erlösungshymnus zur Erlösungserfahrung

Fragen wir nach der speziellen Theologie und nach der mit ihr verbundenen Vorstellungswelt, in der Paulus hier von Erlösung spricht, so müssen wir von der Not, von der Unerlöstheit ausgehen, die überwunden worden ist. Paulus erlebt seinen auf ihn zukommenden Tod und setzt seine Hoffnung auf Gott, als den Auferwecker von den Toten. Gott handelt an ihm so, wie er an Christus Jesus gehandelt hat: Paulus wird in das Mysterium von Tod und Auferweckung Jesu hineingezogen. In diesem Geschehen erfüllt sich, was er ersehnt: *„Christus will ich erkennen und die Macht seiner Auferstehung und Gemeinschaft mit seinen Leiden"* (Phil 3,10).

Dieses einmalige Erlebnis hat sich in Paulus zu einer bleibenden Hoffnung umgesetzt und niedergeschlagen, die auch die Hoffnung für seine Glaubensgenossen und -genossinnen umfasst. Die Hoffnung erscheint hier als die existentielle Gestalt der Auferstehung.

Durch die Erzählung und die hymnische Überhöhung des Ereignisses wird dieses Erlösungsmysterium auch seinen damaligen Gemeinden, wie auch uns, den Leserinnen und Lesern seines Briefes, zugänglich. Wir bekommen hier einen Hinweis darauf, dass das in den Hymnen wie in einen Kristall zusammengefasste „Kristallauge" gleichsam wieder rückverflüssigt werden kann. Wir können den Hymnus über uns Gewalt ausüben lassen, ihn über unser Leben wie eine Folie breiten – dann wird es von ihm mitbestimmt, mit eingefärbt und auf diesem Wege auch miterlöst. Diesem Ziel dienen die folgenden Hymnen.

Hymnen an den Erlöser

Christusikonen singen

Die Christusikonen haben Christus – und nur ihn – und sein Heilswerk zum Inhalt. Er selbst blickt uns durch die Ikonen hindurch an. Wenn wir Christusikonen betrachten, dann betrachten wir durch sie hindurch den Herrn selbst und beten zu ihm.

Die folgenden Christushymnen wollen wie Christusikonen verstanden sein: Auch ihr Inhalt ist Christus und sein Heilswerk. Ihre Bilder und Gedanken sind aus der Heiligen Schrift und aus der Hymnenliturgie der Ostkirche genommen. So ist ihre Sprache eher altertümlich und meditativ. Diese Hymnen sind gleichsam mit Worten gemalte Ikonen. Wer sich betend, singend oder betrachtend auf sie einlässt, wird durch sie hindurch dem lebendigen Herrn selbst begegnen, so wie er durch diese Wortikonen hindurch auf den Sänger herabblickt. Die Sprache der Lieder ist – wie gesagt – aus der Bibel und der Liturgie genommen, so auch die großen Themen ihres Inhalts: der heilende Jesus der Evangelien, das Christusbild des Johannesevangeliums und der Apokalypse, der lebendige Herr des Apostels Paulus und die Festgeheimnisse des Kirchenjahres.

Was uns durch die Schrift von Christus geoffenbart wird, wird hier zur Akklamation verwandelt, ihm entgegen gesungen. So werden die Singenden in sein Geheimnis hineingenommen.

Verarbeitungsformen für die Hymnen

1. Die Hymnen lesen und meditieren: Die von mir verfassten (und zunächst für das persönliche Gebet gedachten) Lobgesänge auf Christus, unseren Erlöser, verdichten in sangbaren Strophen, was ich im Studium der Christologie von Jesus als meinem Erlöser kennen gelernt habe. Wer Strophe für Strophe immer wieder liest, wird in die Bilderwelt und in die Theologie des Erlösers und mit ihm in das Mysterium seiner Erlösung eindringen.

2. Hymnen gehören gesungen, denn im Singen verströmt sich der Mensch zu Gott hin. Durch den Lobpreis des Erlösers tritt der Sänger zu ihm in eine glaubende und betende Beziehung. Die angeführten Melodien ermöglichen es, dass jeder Text (wegen der gleich bleibenden Strophenform) mit jeder Melodie gesungen werden kann. Singt eine Gruppe oder Gemeinde, dann legt sich über alle das Mysterium der Erlösung.

3. Zu eigenen Texten inspirieren lassen: Schreibe aus den Strophen dir wichtige Sätze, Bilder und Gedanken heraus und forme sie zu einem eigenen, persönlich gefärbten Prosatext um! Lest einander diese Gebetstexte vor!

4. Die Gedanken- und Bilderwelt eines Hymnus ist einem Glasfenster zu vergleichen, das (wenn die Sonne durchscheint) ihre Gestalten und Farben auf die Gemeinde wirft. Verwandle jeden Hymnus in ein Ge-

mälde, das an ein Glasfenster in fünf Feldern erinnert: Beginne (wenn möglich auf einem großen Bogen Papier) unten mit dem Quadrat der ersten Strophe und lass oben die fünfte Strophe (die abschließende Doxologie) in einen Halbkreis münden. Eine solche Zeichenform erinnert an ein romanisches Fenster.

Man kann auch eine Rosette, ein gotisches Radfenster wählen und die Strophen und Szenen um einen Mittelpunkt malen. Durch diese Transformation der Worte in Bilder wird die Bilderwelt des Hymnus deutlich erkennbar.

5. Jedem Hymnus steht eine Zeichnung von Anne Seifert gegenüber, in denen die Künstlerin auf ihre Batikbilder (als Folien veröffentlicht) zurückgreift. Lege den Personen und Hilfe suchenden Menschen, denen Jesus Rettung und Erlösung angedeihen lässt, Worte des Hymnus in den Mund: „Was würde der oder die auf dem Bild zu Jesus sagen?"

6. Lehrer bzw. Lehrerinnen oder Gruppenleiter bzw. Gruppenleiterinnen können die Zeichnungen vergrößern und fotokopieren. Sie teilen sie an die Schüler aus, damit diese sie mit Farbstiften entweder übermalen (eine von heutigen Künstlern gern geübte Technik) oder auch ausmalen. Dies wird zwar von Kunsterziehern weniger geschätzt, von den Religionspädagogen jedoch wieder entdeckt und empfohlen.

7. Vergleiche jede Strophe eines Hymnus mit dem Kurzkommentar: Setze die Strophe mit Bibelstellen in Beziehung. Sprecht oder diskutiert über die theologische Sicht von Erlösung, die sich durch die verschiedenen Christusbilder ergeben mag.

8. Die zitierten biblischen Hymnen von Jesus, Johannes und Paulus, die Bilder von Anne Seifert und die Hymnen in Strophen wollen – gelesen oder gesungen – auch wie ein persönliches Gebetsbuch verwendet werden. Anhand von Bildern und Hymnen können wir wieder davon reden lernen, was Jesus, unser Herr und Erlöser, uns persönlich bedeutet. Indem wir singen, überwinden wir auch unsere religiöse Sprachnot.

Kurze Beschreibung der Hymnen

1. Dem Heiland der Menschen

Das Lied bezieht das heilende Tun Jesu auf unsere Gegenwart und beschreibt es mit den Bildern seiner Gleichnisse und der Psalmen: Den Krüppeln menschlicher Not – ihrer Wüste und ihren leeren Zisternen – steht er als der Adler mit seinen rettenden Fittichen, als Arzt und Quelle des Heiles gegenüber. Der Heilsaufruf Jesu (vgl. Mt 11,25ff.) gilt den Mühseligen und Beladenen. Die Endzeit wird im Bild des hochzeitlichen Kleides und Mahles beschworen. Das Bild zeigt die Heilung der gekrümmten Frau (Lk 13,10–17)

2. Dem Herrn in unserer Mitte

Die Erzählung von den Emmausjüngern wird zum Bild für das Verhältnis des Auferstandenen zu seinen heutigen Jüngerinnen und Jüngern. Deren Leben ist ein Weg von Traurigkeit. Christus ist der bei ihnen Einkehrende und der Gastgeber zugleich (hier wird auch die Einkehr Gottes bei Abraham angedeutet). Durch diese Begegnung verwandelt er uns Herz, Sinn und Gemüt. Die fünfte Strophe erbittet seine Wiederkunft als jene Hilfe, die der Gottesengel den Jünglingen im Feuerofen gewährt hat (vgl. Dan 3,1–97).

Das Bild zeigt Christus als Trommler, der sein „Wort" in die Welt trommelt und die Völker zum Tanzen bringt.

3. Die Geisttaufe Jesu

Der Gerichtspredigt des Täufers (2. Str.) wird das innige Verhältnis zwischen dem Vater und seinem geliebten Sohn (1. Str.) gegenübergestellt – und in der dritten Strophe durch das Gleichnis vom gütigen Vater auf alle Menschen ausgedehnt. Die vierte Strophe zeigt, wie in den Gleichnissen das Pneuma des Vaters wirksam wird. Die fünfte Strophe bittet um das Pneuma des Sohnes, das sich im kindlichen Vertrauen (Brotbitte) und im selbstlosen Einsatz (Gleichnis von den Talenten) bezeugt und verwirklicht.

Das Bild zeigt, wie Jesus die Ehebrecherin vom Tode und die Pharisäer vom Töten befreit.

4. Dem Künder der Heilsbotschaft

Das erste Wirken Jesu in Galiläa nennt man den „Galiläischen Frühling". Jesus tritt als der verheißende „Freudenbote" auf (vgl. Jes 40,1ff. – 1. Str.). Es ist die „Hochzeit" des Heiles, in der die Menschen von der Last des Gesetzes befreit werden (vgl. Mk 2,16ff. – 2. Str.). Die dritte Strophe besingt das befreiende Entdämonisieren Jesu (vgl. Mk 1,21ff.), die vierte Strophe sein revolutionäres, heilbringendes Verhalten den Frauen gegenüber (vgl. Mk 1,20ff. u. a.). In der fünften Strophe sieht sich der Beter in der Rolle des Aussätzigen (vgl. Mk 1,40ff.) und sucht Zuflucht bei Jesus.

Das Bild zeigt die tanzende Miriam, die den Tanz der Erlösung tanzt.

5. Dem Auferwecker von den Toten

Im Philipperbrief sagt Paulus, dass auch das Sterben ein Gewinn sei, weil Christus schon unser Leben ist (vgl. Phil 1,21–1. Str.). Auch die Auferweckung des Lazarus (2. Str.) weist uns auf das Ineinander von spiritueller und leiblicher Auferweckung hin. All dies zusammen lässt die Schöpfung (Str. 3–5) ein Danklied über das ewige Leben anstimmen. Das Loben des ewigen Lebens führt auch dazu, dass wir das göttliche Leben, das uns jetzt schon gegeben ist, immer mehr erfahren und spüren.

Das Bild zeigt die Auferweckung des jungen Mannes von Naim.

Hymnen-Melodie

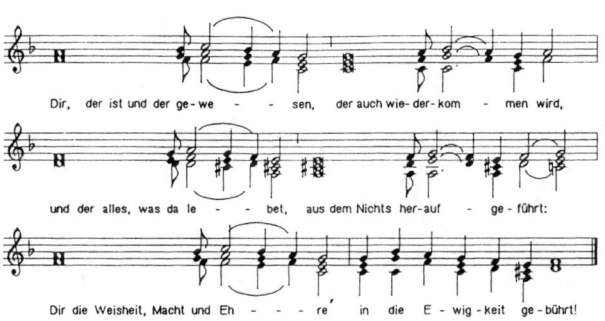

Dir, der ist und der ge-we - - sen, der auch wie-der-kom - - men wird,

und der alles, was da le - - bet, aus dem Nichts her-auf - ge-führt:

Dir die Weisheit, Macht und Eh - - - - re' in die E - wig-keit ge-bührt!

Dir, der ist und der ge-we-sen, der auch wie-der-kom-men wird

und der al-les, was da le-bet, aus dem Nichts her-auf-geführt:

Dir die Weis-heit, Macht und Eh-re in die E-wig-keit ge-bührt.

1. Dem Heiland der Menschen

1. *Herre Christ, in deiner Schwingen*
   Schatten alle Wesen fliehn.
   Kranke eilen wir und Krüppel
   noch an deine Wege hin.
   Wollest du, der Menschen Heiland,
   heilend doch vorüberziehn.

2. *Arzt bist du, des Lebens Spender,*
   Der im Land des Todes weilt
   und Gebeugte uns besuchet.
   O gepries'ne Hand, die heilt,
   die Betrübter Tränen trocknet
   und das Brot mit Armen teilt!

3. *Kehre ein bei den Verlass'nen*
   und verleihe, guter Gast,
   den Bedrängten deinen Frieden!
   Trage du der Müden Last
   Und gewähre Heimatlosen
   stets in deinem Hause Rast!

4. *Wüsten sind wir und Zisternen,*
   die nur karges Wasser füllt,
   Herzen, die im Wind verdorrten:
   du, der Born, der immer quillt,
   du gepriesen, ew'ge Fülle,
   die der Bettler Darben stillt!

5. *Heilen wirst du und vollenden,*
   kleiden uns in Glanz und Licht
   zu dem hochzeitlichen Mahle.
   Neige denn das Angesicht,
   füll die Krüge unsres Sehnens:
   komm, o Herr, und säume nicht!

1. *Dich, o Herr, lass uns erheben,*
   dich in Hymnen benedeien:
   denn du sprengtest Todesketten,
   sprangest aus dem festen Schrein.
   Wer vermöchte dich zu halten,
   welche Grube, welcher Stein?

2. *O du Freude deiner Jünger,*
   als du wieder eingekehrt
   in die Hütten ihrer Trauer!
   Wieder hast du dich gewährt
   ihrem Herzen, ihren Händen
   neu des Tisches Trost beschert.

3. *Lasset festlich uns denn trinken*
   von des Weinstocks süßem Saft!
   Lasst zum Mahle Einhalt bieten
   mühevolle Pilgerschaft:
   Wieder weilt in unsrer Mitte
   Christus, unsres Gottes Kraft.

4. *Immer wirst du mit uns wandern,*
   Trauernden uns nahe sein.
   Will es aber Abend werden,
   neiget sich des Tages Schein:
   dann, o Christus, kehre wieder
   in der Deinen Herberg ein!

5. *Steig zu den bedrängten Brüdern*
   dann in wehes Flammenmeer,
   Glut in Tauwind zu verwandeln.
   Siehe, dir alleine, Herr,
   jauchzen wir die Lobgesänge,
   harrend deiner Wiederkehr!

1. *Bruder Jesus, der zur Taufe*
   tief sich in das Wasser beugt;
   Bruder Jesus, dem so zärtlich
   Gottes Antlitz zu sich neigt;
   Und auf den des Vaters Liebe
   taubengleich herniedersteigt!

2. *Nicht wird jetzt Gericht gehalten,*
   keine Axt die Bäume fällt;
   nicht wird Spreu vom Korn geschieden:
   Gottes Huld umfängt die Welt,
   Gottes Geist die Menschenkinder
   jetzt zu deinen Brüdern zählt!

3. *Gottes Güte schon von weitem*
   Fremdlingen entgegeneilt,
   ihnen Tisch und Mahl bereitet,
   Siegelring und Kleider teilt
   und mit ihren sanften Händen
   Wunden der Entfremdung heilt.

4. *Preis der Huld, die von den Straßen*
   Bettler zu dem Gastmahl drängt,
   die dem letzten Tagelöhner
   noch den vollen Lohn geschenkt
   und den Geist von dir, dem Sohne,
   auch in unsre Herzen senkt!

5. *Geist des Vaters, Geist des Sohnes,*
   Lebenshauch und Sturm und Wind:
   Lass um Brot und Fisch uns bitten
   arglos wie ein kleines Kind!
   Lass uns mit Talenten wuchern,
   weil sie Gottes Eigen sind!

1. *Freudenbote, Heilsverkünder,*
   wie hast du in unsrer Nacht
   Gottes Königtum und Herrschaft
   wie ein Blütenmeer entfacht:
   Um die Hütten aller Armen
   Galiläas Frühling lacht!

2. *Hochzeit ist und Zeitenwende,*
   du bist da, der Bräutigam!
   Wie ein Wirbelwind der Freiheit
   Gott in alte Kerker kam
   und von tiefgebeugten Rücken
   Lasten des Gesetzes nahm.

3. *Die von bösem Geist Geplagten*
   heiltest du mit festem Wort,
   nahmst aus ihrer finstren Seele
   Ängste und Verzweiflung fort.
   Wie drang Gottes Freiheitswirken
   doch an jeden dunklen Ort!

4. *Lilien blühten auf den Feldern;*
   Frauen fanden bei dir Heil,
   durften küssen dich und salben,
   ihnen ward dein Wort zuteil.
   Wenn sie dich als Gast bewirten,
   lang in ihrem Hause weil!

5. *Machen Aussatz und Verstoßung*
   einsam mich und voller Scham,
   dann berühr mich mit den Händen!
   Denn mit deinem Kommen kam
   Gottes Zärtlichkeit für alle,
   allen sie die Schande nahm.

1. *Jauchzend lasset uns und singend*
   vor des Herren Antlitz ziehn:
   Christus Jesus unser Leben
   und das Sterben nur Gewinn!
   Denn aus seines Grabes Tiefe
   Hoffnung uns und Freude blühn.

2. *Lazarus hast du, dem Toten,*
   neuen Lebens Tag geschenkt.
   Einmal aber wird die Grube
   allen Menschenvolks gesprengt:
   weil du viele Frucht getragen,
   Weizenkorn in Nacht versenkt.

3. *O des Tag's, an dem ein Stürmen*
   alle Gräber öffnen wird!
   Jedes Ohr, vom Schlaf erwachend,
   der Posaune Dröhnen hört
   und in deine ew'gen Tore
   des Erbarmens Ruf uns führt.

4. *Jeder greift in seine Harfe,*
   Stimmet dir ein Loblied an:
   Preis sei dir, denn du läßt sterben,
   keiner dir entrinnen kann;
   und du rufst zurück zum Leben,
   wie dein Ratschluss es ersann.

5. *Du bist unsres Lebens Leben,*
   du, das Leuchten unsrer Pracht.
   Ohne dich wäre Jubel Klage,
   alle Herrlichkeit wie Nacht:
   Dir sei Preis und Ruhm und Ehre,
   dir die Herrschaft und die Macht!

Arbeitsanregungen

Die Arbeitsanregungen gehören zu den drei vorne vorgestellten Erlösungsgleichnissen. Sie eignen sich für die Arbeit mit Gruppen oder Schulklassen, können aber auch als Anregung für die persönliche Reflexion dienen.

Zum Odysseusgleichnis

1. Verschiedene Stationen des Odysseus auf einem großen Packpapierstück gestalten.
Jede Insel steht für sich allein und kann individuell gestaltet werden.

Überlegungen: Welcher Schicksalsschlag des Helden wird bei mir am größten gemalt? Welcher steht im Zentrum? Welche Farben verwende ich? Wo fühle ich mich wohl? Was ist bedrohlich für mich?

Jeder einzelne stellt sich selbst auf diesem Blatt dar. Zusätzlich entwerfen alle gemeinsam eine Beschriftung und nummerieren den Ablauf.

2. Odysseus-Homepage gestalten.
Stell dir vor Odysseus, programmiert seine eigene Homepage und du hilfst ihm dabei. Wie sieht die Startseite aus? Welche Untermenüs kommen vor (Bildergalerie, Steckbrief, Ablauf der Reise, Vorstellen des Reiches Ithaka …)?

Wohin gibt es Hyperlinks? Zum königlichen Schiffbauer, zu benachbarten Königen oder gar zu den Göttern in den Olymp? Wie könnten die Email-Adressen von Odysseus, Penelope, Telemachos oder die von Hermes und Athene lauten?

3. *Sich mit Personen aus der Odysseus-Geschichte identifizieren.*
Schlüpft in eine Rolle und schreibt in Aufsatzform als Athene, Penelope, Telemachos auf, was euch bewegt, was ihr erlebt habt, was euch ärgert, was euch Spaß macht ...:
„Ich bin Odysseus ...", „Ich bin Athene ... "

4. *Einen Leserbrief schreiben.*
Nach der „Saalschlacht" sind einige verärgert, weil gegen die Gesetze verstoßen wurde, andere sind über die schnelle Justiz des heimgekommenen Königs froh: Wir schreiben einen Leserbrief an die „Ithaka-Zeitung" und nehmen zu den Geschehnissen eher reißerisch Stellung.

5. *Eine Festmahl gestalten.*
Die Freier lassen es sich einige Jahre am Hof Penelopes gut gehen. Stellt (evtl. im Schulfach Hauswirtschaft) ein solches Festtagsmenü zusammen.

6. *Einen Teppich malen.*
Penelope vertröstet die Freier mit der Fertigstellung ihres Teppichs, den sie in der Nacht immer wieder heimlich auftrennt. Entwirf mit Farbstiften einen wunderschönen Webteppich, den eine Königin gewebt haben könnte.

7. Über meinen „Engel" oder meinen „Schutzgeist" nachdenken.

Athene ist als Schutzgöttin immer bei Odysseus. Auch heute glauben viele Menschen daran, dass ein Schutzengel sie durch das Leben begleitet.

Wie sieht dein Engel aus? Beschreibe ihn! Oder gäbe es eine Fee, die du in deiner Fantasie als deinen Schutzgeist erfinden könntest – wie sähe sie aus? Was sagt sie zu dir?

8. Einen Lebensbaum beschreiben.

Odysseus beweist Penelope, dass er ihr Mann ist, weil er weiß: Ein Baum hält ihr Haus zusammen und ihr Bett steht auf einem seiner starken Äste.

Wie könnte ein solcher Lebensbaum, der symbolisch alles zusammen hält, bei dir aussehen? Zeichne ihn auf ein großes Blatt. Welche Früchte trägt er? Schreib dazu, was du gerne machst und was du gut kannst! Welche Menschen sind dir wichtig?

9. Eine „Schiffs-Mannschaft" zusammenstellen.

Odysseus ist mit seinen treuen Gefährten lange in einem Boot unterwegs.

Die einzelnen überlegen, wen aus der Gruppe sie auf ihr Boot mitnehmen würden. Wer bekommt welche Rolle zugeteilt? Wer ist der Kapitän? Auf wen ist im Ernstfall Verlass? Wer ist der Koch? Wer unterhält uns, wenn es fad wird?

10. Mein Königreich gestalten.

Jeder zeichnet eine Insel, die sein eigenes Königreich darstellt …

11. Die Odysseus-Geographie erkunden.
V.a. im Geschichts- und Geografieunterricht kann man Bilder und Landkarten der Ereignisorte zeigen. Um den Symbolcharakter der Odyssee nicht zu schmälern, empfiehlt es sich, dies erst als Abschluss der Beschäftigung mit dem Gleichnis und keineswegs am Anfang zu tun.

Zum Ochsengleichnis

1. Religionsgeschichliche Information einholen.
Religionsgeschichtlich verklammert das Ochsengleichnis den Buddhismus, den Taoismus und den Zen-Weg. Eine Information mit japanisch-chinesischen Originalbildern und Gedichten (siehe Literaturnachweis von R. Daizohkitsu) rückt die wunderbare Welt dieser Religion so nahe, dass sie aufhört exotisch-fremd zu sein.

2. Das Gleichnis im Bild entdecken.
Stelle die Grafik von Alois Neuhold, die vorne am Beginn des Gleichnisses steht, vor und erzähle an ihren Bildern entlang das Gleichnis. Entdeckt Details der Bilder!

3. Den Ochsenweg gehen.
Nach der ersten Information kann man die Einzelnen den Ochsenweg selbst „gehen" lassen: Sie identifizieren sich mit dem Hirten und formulieren – vom Hintergrund ihres persönlichen Lebens her – in der Ichform ei-

nen Gleichnistext. Die Gleichnisform schützt die persönlichen Aussagen, macht jedoch dem Schreibenden selbst Unbewusstes bewusst.

4. Gedichte hören und dichten.
Man lese fernöstliche Gedichte – wie etwa Haikus – und rege die Teilnehmenden an, selbst Kurzgedichte zu den einzelnen Bildern zu verfassen und sie sich gegenseitig vorzulesen.

5. Meinen Zustand erkunden.
In Selbsterfahrungsgruppen kann jeder einzelne erkunden, welches der Bilder des Gleichnisses gerade seinen jetzigen Zustand darstellt. Er beschreibt oder malt es aus tiefer Sammlung heraus auf, stellt es der Gruppe vor und lässt es (dabei selbst anonym bleibend) einfühlend interpretieren: „Wenn ich das gemalt hätte, dann ginge es mir so oder so …"

6. Positionen austragen.
Eine Art Rollenspiel ergibt sich dann, wenn die Teilnehmer und Teilnehmerinnen einer Gruppe verschiedene Stühle besetzen, die für je eine Phase aus dem Gedicht stehen, und zwischen den Rollen in eine Zwiesprache treten. Vor allem die Auseinandersetzung zwischen sehr weit auseinander liegenden Positionen ist hier fruchtbar.

7. Ähnlichkeiten zur christlichen Tradition suchen.
Man greift die Szenenfolge des Gleichnisses bewusst vom christlichen Glauben her auf und sieht im Ochsen ein

Bild für Christus: Schreibe einen Psalm an ihn! Vergleiche das Lied von Angelus Silesius „Ich will dich lieben meine Stärke" (Gotteslob Nr. 558) mit dem Ochsenweg! Vergleiche die paulinische Christologie mit dem Ochsengleichnis und suche zu dessen Bildern Aussagen aus den Paulusbriefen!

8. Das Ochsengleichnis als Spiegel meines Weges.

Eine deutende Betrachtung der Zeichnungen des Ochsenweges ergibt Stufen von Erfahrungen, wie sie wohl jeder Mensch kennt. Ich beginne die Betrachtung von Bild zu Bild jeweils nur mit einigen Sätzen, denn diese sollen den Betrachter motivieren, über sich selbst weiter zu schreiben:

(1) Ich bin unglücklich und unzufrieden: Mir geht etwas ab, aber ich weiß nicht, was … Ich bin …

(2) Es muss etwas geben, denn ich treffe in der Welt und bei anderen Menschen Spuren, die auf einen Sinn deuten … Ich ahne …

(3) Habe ich schon einmal einen Sinn meines Lebens erkannt oder geahnt? War das vielleicht …

(4) Wenn ich ehrlich bin, meldet sich mir etwas ganz stark an: Ist es von außen? Ist es von innen? Wovor fürchte ich mich? Was sollte ich eigentlich energisch angehen?

(5) Wie mache ich mich mit dem vertraut, was meinem Leben einen Sinn geben könnte?

(6) Kenne ich das Glück, das sich einstellte, wenn ich einmal Sinnvolles erlebt und getan hatte? Wie habe ich diese Freude genossen? Wie habe ich die Kraft ausgekostet?

(7) Habe ich das vielleicht noch in mir, was ich schon einmal gekannt habe? Bin ich mit ihm vielleicht schon verschmolzen? Wovon lebe ich zutiefst?

(8) Was ahne ich vom Gleichnis des Lebens? Was von der namenlosen Unendlichkeit? Wo und wie ahne ich sie?

(9) Wenn ich von dieser Erfahrung herabsteige in das Leben der Menschen – wie kann ich ihnen mein gefundenes Glück kundtun, ihnen eine Ahnung davon geben?

Wenn du diese Zeilen ausgefüllt oder die Fragen still beantwortet hast:

Magst du in freien Sätzen Kurzgedichte schreiben über das, was dir besonders wichtig ist?

Wem magst du sie vorlesen?

Was verspürst du während des Vorlesens?

Zum Josefsgleichnis

1. Eine Kritzelzeichnung erstellen.
Während die Josefgeschichte erzählt wird, kritzeln die Einzelnen einfach frei gestaltend auf ein Papier, was ihnen kommt.

2. Symbol der Gottesbeziehung.
Josef spürte, „dass der lebendige Gott bei ihm war". Die Teilnehmenden teilen ein Blatt in der Mitte. Links zeichnen sie ein Symbol, das diese innige Beziehung Josefs ausdrückt. Auf der rechten Seite: Wie wird in deinem Fall

ein solches Symbol aussehen, wenn du dich mit Gott verbunden fühlst?

3. Bilder aus der Josefgeschichte erträumen und ermalen.

Macht eine Traumreise zu einer Kapelle, in der sechs Bilder aus der Josefgeschichte zu sehen sind. Anschließend werden diese Bilder schweigend bei meditativer Musik nebeneinander so auf einem Packpapierstreifen gemalt, dass ein Leporelloband entsteht.

4. Namen verleihen.

Josef bekommt nach seiner Traumdeutung vom Pharao mit seiner Aufgabe auch einen Titel verliehen: „Zafenat-Paneach", „Er möge leben". In Gruppen wird versucht, füreinander passende „Kunstnamen" zu erfinden, die über die jeweilige Rolle oder Funktion des einzelnen komprimiert Aufschluss geben (Mathe-Genie, Bücherwurm, Discogirl, der Fußball, der große Redner ...). Anschließend ist ein Reflexionsgespräch wichtig!

5. Einen Klagepsalm schreiben.

Die Teilnehmenden versetzen sich in Josefs Lage, nachdem er ins Gefängnis geworfen wurde. Sie schreiben einen Klagepsalm. Seine ganze Verbitterung, die Enttäuschung und seine Hoffnung werden dabei aufgegriffen: „Ich bin Josef ... "

6. Eigene Träume malen und interpretieren lassen.

Josef und die Träume: Die Teilnehmenden malen auf einem großen Papier je einen eigenen Traum. Im Kreis werden diese Bilder mit Hilfe dreier Fragen besprochen, wobei der „Künstler" selbst nur zuhört. Das Traumbild liegt in der Mitte, auf folgende Impulse wird geantwortet:

Was sehe ich auf diesem Bild?

Wenn ich dieses oder jenes auf diesem Bild wäre, dann ginge es mir …

Deinem Bild wünsche ich …

Der Lehrer bzw. die Lehrerin oder der Gruppenleiter bzw. die Gruppenleiterin achtet darauf, dass nicht interpretiert wird und keine Ratschläge gegeben werden. Nach den Rückmeldungen gibt der Teilnehmer, dem das Bild gehört, seine Eindrücke wieder.

7. Eine Bildgeschichte entwerfen und erzählen.
Die Teilnehmenden zeichnen mit Bunt- und Faserstiften auf Transparentpapier Bilder zu einem Abschnitt der Josefgeschichte, die anschließend in leere Diarahmen eingespannt werden. Jeweils eine Gruppe von etwa fünf Personen ist für einen Zyklus verantwortlich. Bei der Vorführung mit dem Diaprojektor wird die Josefgeschichte mit eigenen Worten nacherzählt.

8. Ein Gefühls- oder Stimmungsbarometer gestalten.
Dieses kann beispielsweise zu Hause an der Zimmertür aufgehängt werden.

So wie bei Josef gibt es auch in unserem Leben positive und negative Zeiten. Mit einem beweglichen Zeiger kann auf diesem Barometer das Feld angezeigt werden, das zur aktuellen Stimmungslage passt. Überlegt auch, in welcher Situation Josef in einem Hoch, in welcher er in einem Tief war.

9. Collagen erstellen.
Versucht zu aktuellen Themen, die bei Josef angesprochen werden (fremd sein, Hungersnot, Familienstreitigkeiten, Außenseiter ...), Collagen zu entwickeln.

10. Sich der Josefgeschichte spielerisch nähern.
Spielt ein Bibliodrama: zuerst aus dem Kapitel Gen 37, wie Josef von seinen Brüdern verworfen wird – und dann aus dem Kapitel Gen 45, wie Josef und seine Brüder sich versöhnen.

Möglich ist ein *gelenktes Rollenspiel*: Ein Erzähler liest oder erzählt, die Rollenträger spielen und sprechen die von dem Erzähler vorgesprochenen Sätze (frei) nach. Andere begleiten mit Orff-Instrumenten das Spiel. Oder ein *pantomimisches Bibliodrama:* Der Erzähler liest die Geschichte langsam, Worte und Sätze wiederholend, die Spieler spielen wortlos und in Zeitlupentempo. Oder als Schattenspiel ... Oder als frei sich entfaltendes Spiel, das u. U. andere Wege geht als die biblische Erzählung ...

11. Familienbande reflektieren.
Beeindruckend ist, dass die Bibel in der Joseferzählung eine sehr tief gehende Familiengeschichte erzählt. Greift diesen Impuls auf: Welche Rolle muss ich in meiner Familie spielen? Wie ist das Verhältnis zu meinen Geschwistern, zu meinen Eltern?

12. Ein kleines Mahl feiern.
Josef lädt seine Brüder zu einem Festmahl. Veranstaltet in der Gruppe oder Klasse ein kleines gemeinsames Essen. Jede und jeder bringt etwas mit. Entwerft Menükärtchen,

deckt den Tisch festlich mit Servietten, Tischtuch und Kerzen.

13. Im Internet recherchieren.
Sucht im Internet Seiten zum Thema Josef (Webber-Musical, Rembrandt-Bilder, Ägyptologie ...)

14. Ein Kreuzworträtsel erstellen.
Jeder entwirft ein Kreuzworträtsel und verpackt darin seine Erlebnisse und Erfahrungen nach der kreativen Auseinandersetzung mit Josef.

15. Das Musical „Josef" anschauen.
Ein schöner und attraktiver Abschluss wäre das Musical „Josef" von Andrew Lloyd Webber, live oder auf Video.

Verwendete und empfohlene Literatur

Daizohkitsu, R.: Ohtsu, Pfullingen 1958.

Erikson, Erik: Der junge Mann Luther, Hamburg 1970.

Freud, Sigmund: Studienausgabe Band IX.: Fragen der Gesellschaft – Ursprünge der Religion, Frankfurt a.M. 1974, 455–585: „Der Mann Moses und die monotheistische Religion: 3. Abhandlungen".

Höfer, Albert: Ins Leben kommen. Ein gestaltpädagogisches Bibelwerkbuch, München 1995, 137ff.: Eltern als Chance und Schicksal.

Homer: Odyssee. griechisch und deutsch, übertr. von Anton Weiher. Einf. von A. Heubeck. München und Zürich [10]1994.

Jaschke, Helmut: Dunkle Gottesbilder. Therapeutische Wege der Heilung, Freiburg i.Br. 1992.

Krüll, Marianne: Freud und sein Vater. Der Ursprung der Psychoanalyse und die ungelöste Vaterproblematik S. Freuds, München 1992.

Moser, Tillmann: Gottesvergiftung, Frankfurt a.M. 1981.

Otto, Walter F.: Die Gestalt und das Sein, Darmstadt 1959.

Palmer, Helen: Das Enneagram. München 1991.

Riemann, Fritz: Grundformen der Angst. München 1981.

Schmid, Hans: Die Kunst des Unterrichtens. Ein praktischer Leitfaden für den Religionsunterricht, München 1997.

Walter, Hans-Jürgen: Gestalttheorie und Psychotherapie, Obladen [3]1994.

Albert Höfer
bei Topos plus

Albert Höfer
Von der Hoffnung der Liebenden
Beziehungskrisen und biblische Therapie

Menschen leben in Beziehungen, lieben Beziehungen und leiden an Beziehungen. Ob sie gelingen oder misslingen, liegt oft in Erfahrungen der Kindheit begründet. Dabei zu helfen, ist Aufgabe der Beratung.

Der Psychotherapeut und Priester Albert Höfer hat dazu eine biblisch-spirituelle Therapie entwickelt:
Er setzt menschliche Grundthemen in Beziehung zu biblischen Beispielen. In den Gestalten und Schicksalen der Bibel kommt alles vor, was Menschen erleben und erleiden können.

Der Autor entwickelt daraus eine moderne Form von geistlichen Übungen und Methoden, die in Familie, Schule, Erwachsenenbildung und Seelsorge angewendet werden können.

144 Seiten, Taschenbuch, ISBN 3-7867-8387-X
Topos plus